老板不说但你要做到的事

老是等待老板指示，学费会很贵，代价会很高
公司献给员工最好的礼物，对公司和员工都将受益无穷

王学峰◎编著

民主与建设出版社

图书在版编目（CIP）数据

老板不说，但你要做到的事 / 王学峰 编著.
—北京：民主与建设出版社，2012.12

ISBN 978-7-5139-0244-1

Ⅰ.①老… Ⅱ.①王… Ⅲ.①成功心理—通俗读物
Ⅳ.①B848.4-49

中国版本图书馆CIP数据核字（2012）第288024号

责任编辑 王 颂
封面设计 创智书装
出版发行 民主与建设出版社
电　　话 （010）85698040 85698062
社　　址 北京市朝外大街吉祥里208号
邮　　编 100020
印　　刷 北京盛兰兄弟印刷装订有限公司
成品尺寸 170mm×240mm
印　　张 11.5
字　　数 120千字
版　　次 2013年2月第1版 2013年2月第1次印刷
书　　号 ISBN 978-7-5139-0244-1
定　　价 22.80元

注：如有印、装质量问题，请与出版社联系。

前言 Preface

现代社会中，市场竞争越来越激烈，企业想要在如此激烈的竞争中求生存，除了引进先进的管理经验外，提高员工素质也是另一重要方面。公司老板花高价请培训师对员工进行培训，员工自己也是下血本学习充电，虽然各自的最终目的不同，但现阶段增强能力无疑是两者的共同愿望。

那么究竟该怎样才能提高素质，锻炼能力，使员工更加具有职业精神呢？答案就在本书之中。本书内容可以让员工脱胎换骨，从普通员工到优秀人才最终成为卓越职场精英；可以让老板省心省力，从工作态度到方式方法再到最后执行，不用老板交代提醒，就可拥有高度职业化的员工。

有人说，职场就是斗兽场，员工就是那头蛮牛，老板是斗牛士；有人说，职场就是江湖，员工好比小兵，老板是盟主。蛮牛也好，小兵也罢，相同的是都得听老板的，老板号令一出，员工就得全力以赴。但是不是所有时候都得让老板给你指明方向，耐心清楚地告诉你应该奔向哪里，应该做什么，应该怎么做。实际上，老板更喜欢那些积极主动的员工，有些事儿老板不交代，你也要把它们做到最好，追求最完美的结果——要知道老板要的只是结果。

可能你的同事已经比你优秀了，可能你到现在都还没有引起老板的注意，可能你目前的那点工资还不够你塞牙缝，如果你想改变这一切的话，如果你想从众多竞争者中脱颖而出的话，那么就应该来尝试培养这些工作习惯。

想要从一个普通员工蜕变为老板的得力干将，本书的工作习惯都必须从现在开始就去养成。如果你已经对现在的工作开始厌倦，如果你每天的生活都充满了抱怨，如果你整天懒散拖沓、效率低下，如果你每天浑浑噩噩、无所事事，如果你……就试着去改变自己吧。试着去端正自己的工作态度，重新燃起工作热情；试着放弃抱怨，改变自己；试着拒绝拖延，立即行动；试着……

依照本书的工作表现去做，让老板发现你的好。书中的工作习惯是无数在职场打拼多年的精英们根据自己职业生涯中的酸甜苦辣总结出来的精华，这些人中不乏优秀的职场经理人。既然有人已经在前面探好路，不妨按着他们的工作方法和习惯继续走下去，不仅你可以很轻松，而且你的老板也会省力很多。

所以，不论你是初入职场的新兵还是混迹于职场多年的老将，都应该试着了解并且掌握这些内容。这些习惯，有的是你已经知道但总是懒于实践的，有些是你以前从来都不曾知道、不曾想过的。无论怎样，等你真的领会了这些习惯的意义并且确实地把它们落实在你的学习、工作中时，你就会领略到它们蕴含的强大能量和表现出来的影响力。做一个老板喜欢的聪明员工，坚持一段时间后，老板肯定会发现你的与众不同。

本书是为那些渴望在职场上拥有自己一席之地的员工和希望通过提高员工素质以促进企业发展的老板而写的。它是公司员工的晋升秘籍，是企业老板的御用范本。老板想说的和不想说的，经常对你说的和懒得对你说的，都在书中。你可以把本书当作以后工作的行动指南，如果有一天你发现自己不用老板交代就能自动察觉老板的意图所在，那么恭喜你，你已经修炼成功了，相信升职加薪对你来说已是指日可待。

王学峰

2012年12月于北京

目录 Contents

第一章 工作态度决定事业高度

第二章 关注细节，成就完美

第三章 除了抱怨，你还可以选择改变

第四章 工作没有任何借口

第五章 日事日清，拒绝拖延

第六章 为未来工作，而不是每月的薪水

第七章 培养核心竞争力，让自己不可替代

第八章 结果最大，一切拿结果说话

第九章 把自己融入到团队中去

第十章 执行重于一切

第十一章 找对方法做对事

第十二章 用对时间做好事

第十三章 把事情做对，更要把事情做好

第十四章 终生学习，每个人都是你成长的老师

第十五章 学会担当，负起责任

老板不说 但你要做到的事

第一章

工作态度决定事业高度

凡事以公司为重

一只船在海上航行，船舱里藏着一只鼠。鼠偷吃船夫的粮食，咬坏船夫的衣物。船夫恨透了鼠，想捉住它，把它扔到海里去。

鼠有鼠的办法，它使出看家的本领，在船底打洞，它要躲到洞里去，还要把船夫的粮食也搬到洞里藏起来，结果可想而知。

这只鼠有打洞的办法，但没有关于命运的权衡，它没有想到，在船底打洞，不仅毁了船，而且毁了自己。这“船”乃是老鼠生存的所在，人，也是有生存之所在的，那就是企业或者公司。对于那些不把工作当回事的人，他并不比“鼠”理智多少。

世界上没有人会笨得像这只老鼠一样在自己所在的船上打洞，却有人在公司里做危害公司的事情，以为有利于自己，其实不但损害了公司，对自己也没有什么好处。这种行为与那只老鼠有什么两样吗?

所以，无论在任何时候，千万不要做危害公司的事。因为做危害公司的事情，自己会受到来自于心灵的折磨。同时，你的行为也会危及到自己的利益。危害公司的行为就是伤害自己。

在一家大公司里供职的张平能说会道，且做事果断，有魄力，所以，他很快就被提拔为公司技术部经理，更好的前途在等着他。

有一天，一位外商请他到酒吧喝酒。几杯酒下肚，外商很正经地对张平说：“老弟，我想请你帮个忙。”

“帮什么忙？”张平很奇怪地问。

“是这样，”外商说，“最近我们公司和你们公司正在谈判一个合作项目，如果你把你那个部门的技术资料给我一份，这将使我们公司在谈判中占据主动。你能不能尽快给我复制一份？”

“什么？你是说让我做泄露公司秘密的事儿？”张平皱着眉头说道。

外商说：“我让你帮我是有条件的。如果办成了，我给你20万元报酬。这件事情只有你知我知，对你不会产生任何的影响。”

外商把20万元的支票给了张平。张平看着支票上诱人的数字，心动了。

在谈判中，张平的公司损失很大。事后，公司查明了真相，辞退了张平。

本来可以大展宏图的张平不但丢失了工作，就连那20万元也被公司追回以抵偿损失。他懊悔不已，但为时已晚。

一个祸害公司利益的人，即使才华横溢也不可能被重用，因为他无法得到别人的信任。不管上司和下属都不喜欢这样的人。同时，这也表明，忠于公司，也就是忠于自己；背叛公司，也就是背叛自己，也就是自取灭亡。

有家公司因一家对手公司业务红火产生了嫉妒心理，但想不出制服对手的良策。天赐良机，对策终于有了！他们想方设法找关系，接近对手公司的一名仓库主管，让其暗中出卖商业机密。这个主管在利益的驱动下，利令智昏，把自己公司的库存数量、货品结构、价格策略一一泄露。几经交手，商界风向大变，原先生意红火的公司，节节败退，最后元气大伤而倒闭。另一家濒临倒闭的公司却反败为胜、起死回生。一个祸害公司的“老鼠”，几乎不费吹灰之力就把公司搞垮了。老板输得稀里糊涂，承受了惨烈的苦痛。

这种“在船底打洞”的行为，可以说是职场的定时炸弹。一个有起码职业道德的人，心里要有一条准则：何为可为，何为不可为，决不选择良心的堕落。

如果你希望成为公司里卓越的员工，那就应该把自己的利益和公司的利益统一起来，与公司同舟共济、荣辱与共，并且以公司利益为重，让它成为你工作的一个准则，并在此基础上逐步培养正确的道德观，提升工作的道德层次，发展真正的好品格，这样，它总会有一天给你理想的回报。

首先，在工作中，把公司利益摆在第一位。要知道，你是公司里的一员，公司发展了，你才能得到发展，如果公司倒闭了，你也会失业。

其次，不要随便跳槽。社会学家曾指出，现代人一生当中平均要换五到六次工作。不过，在一个人的职业生涯当中，换工作毕竟是一件大事，它是一个人忠诚度的根据，所以，你要三思而后行。你最好不要动不动就想以跳槽来改变自己的境遇，你可以在岗位上勤恳工作，努力提高自己各方面的能力，积极进取，这样才能更好更快地接近你理想的位置。如果你一年之内连续换好几份工作，老板就会想："这个人恐怕有问题……"也许自己再也找不到自己想要的工作以及期待的薪酬。

最需要注意的是，你要拒绝对公司不利的诱惑，不要为一己之利而损害公司利益。阿尔伯特·哈伯德曾说："多年来我从没有见过危害公司的人得到过幸福，你也不会见到，永远不会！"公司利益是大于你个人利益的，需要的时候，宁可牺牲自己的利益也要保全公司的利益。在一些不正当的诱惑面前，你要敢于说"不"，这样，你才能得到公司的信任，并能够被委以重任。

公司的事就是自己的事

这个故事是一个企业的老板讲的：

有一家甲公司将一家乙公司吞并，成立了新公司。在新公司中，甲、乙两家公司的员工在相互合作时出现了问题：甲公司员工认为自己所在的公司比乙公司优秀，所以才能将其吞并，继而以胜者的感觉歧视乙公司的员工；乙公司的员工则因自己所在的公司被吞并，内心产生了极大的自卑感，工作提不起精神。原甲公司的老板为了解决这个严重的问题，召集新公司的所有员工开会，解决这个他发现的问题。最后，老板还特别强调说：员工不应该只考虑个人之间的问题与矛盾，而应该与公司共命运、共成功。这个船就是我们的公司，是我们的企业，是我们共同的家，是我们生存与发展的平台。听完故事后，所有的员工都认识到了自己心中的问题。从此以后甲、乙两个公司的员工不会因为心理矛盾而延误任何工作。他们开始同舟共济，朝着“寻找陆地以求生存”的目标前进，企业也进入了快速发展的阶段。

在波澜起伏的市场海洋里，企业就像一条船，若没有企业这条船，船上的人也无法生存，所以，这条船上的员工，就应该共同为企业的利益考虑，把公司的事当成自己的事，而不去过多的考虑自身利益，不要因为自己的原因使“船”沉没。

不管是一个普通员工，还是一名管理者，既然进入了一家公司，就要把自己的工作和公司的成长壮大紧密结合起来，与公司同生死共命运。这样，在公司快速发展时，你才会有巨大的荣誉感，才会在公司发展过程中获取利益。同时，公司也会因有你这样优秀的员工而自豪。当公司发展遇到困难时，你就会感到自己责任重大，为转变公司的窘境而倾心尽力，这样，你才能在公司不断壮大过程中成长为一名卓越的员工。

托尼和同学在一个码头的仓库给人家缝补篷布。托尼很能干，做的活儿很精细，他看到丢弃的线头碎布也拾起来，留做备用。好像这个公司是他自己的似的。

一天夜里，暴风雨骤起，托尼从床上爬起来就冲到雨中，同学劝不住他，骂他是个傻瓜。

在露天仓库里，托尼看了一个又一个货堆，加固被掀起的篷布。这时候老板开车过来了，托尼已成了一个水人儿。

老板看到货物完好无损，当即要给托尼加薪。托尼说："谢谢你的心意，但是不用为这件事给我加薪。我只是看看我缝补的篷布结实不结实。况且，我就住在旁边，顺便来看看就是了。"老板看到他如此有责任心，就让他到自己的另一个公司当经理。

新公司开张后，需要招聘业务员。托尼的同学闻讯跑来说："给我弄个好差事做做。"托尼说："你不行，你不会把公司的事情当成自己家的事干。"同学脸涨的通红，说："你真没有良心，这又不是你自己的公司！"托尼说："把公司当成家，把公司的事当成自己的事干，这才算有良心。"几年后，托尼就成了一家公司的总裁，而他的同学，还在那家公司缝补篷布。

绝大多数人都是在企业中成长。只要你还是某一企业中的一员，就应当抛开任何借口，投入自己的忠诚和责任。一荣俱荣，一损俱损！将身心彻底融入公司，处处为公司着想。当你养成习惯，以公司的事就是自己的事的心态对待公司，你的老板和同事都会看在眼里。

别人对你的看法也许并不重要，真正重要的是你对自己的看法。回顾一天的工作，扪心自问一下："我是否付出了全部精力和智慧？"

如果你是老板，一定会希望员工能和自己一样，将公司当成自己的事业，更加努力，更加勤奋，更积极主动。因此，请不要拒绝老板向你提出这样的要求。

把公司的事看作是自己的事，与公司同舟共济，你就会成为一个值得信赖的人，一个可能成为老板得力助手的人。更重要的是，你能心安理得地工作，因为你清楚自己已全力以赴，已完成了自己所设定的目标。

一个把公司的事情当作自己的事情来做的人，终将成长为一个卓越的人。许多管理制度健全的公司，正在创造机会使员工成为公司的股东。因为人们发现，当员工成为企业所有者时，他们表现得更加忠诚，更具创造力，也会更加努力工作。

然而在今天这种狂热而高度竞争的经济环境下，你可能感慨自己的付出与受到的肯定和获得的报酬并不成比例。下一次，当你感到工作过度却得不到理想工资、未能获得上司赏识时，记得提醒自己：你是在公司里为自己做事，你的产品就是你自己。

当你正考虑一项困难的决策，或者你正思考着如何避免一份讨厌的工作时反问自己：如果这是我自己的事情，我会如何处理？当你所采取的行动与你身为员工时所做的完全相同的话，你已经具有处理更重要事物的能力了，那么你很快就会成为一名卓越的员工。

把工作当成事业干

每一个员工都应该把工作当成自己的事业，即使这份工作你不太喜欢，也要尽一切能力去转变，去热爱它。并凭借这种热爱去发掘内心蕴藏着的活力、热情和巨大的创造力。事实上，你对自己的工作越热爱，决心越大，工作效率就越高。

15岁那年，齐瓦勃家中一贫如洗，只受过很短学校教育的他到一个山村做了马夫，然而齐瓦勃并没有自暴自弃，无时无刻不在寻找着发展的机遇。三年后，齐瓦勃来到钢铁大王卡耐基所属的一个建筑工地打工。一踏进建筑工地，齐瓦勃就抱定了要做同事中最优秀人的决心。当其他人在抱怨工作辛苦、薪水低而怠工的时候，齐瓦勃却默默地积累着工作经验，并自学建筑知识。

一天晚上，同伴们在闲聊，惟独齐瓦勃躲在角落里看书。那天恰巧公司经理到工地检查工作，经理看了看齐瓦勃手中的书，又翻开他的笔记本，什么也没说就走了。第二天，公司经理把齐瓦勃叫到办公室，问："你学那些东西干什么？"齐瓦勃说："我想我们公司并不缺少打工者，缺少的是既有工作经验、又有专业知识的技术人员或管理者，对吗？"经理点了点头。

不久，齐瓦勃就被升任为技师。打工者中，有些人讽刺挖苦齐瓦勃，他回答说："我不光是在为老板打工，更不单纯为了赚钱，我是在为自己的梦想打工，为自己的远大前途打工。我们只能在业绩中提升自己。我要使自己工作所产生的价值，远远超过所得的薪水，只有这样我才能得到重用，才能获得机遇！"抱着这样的信念，齐瓦勃一步步升到了总工程师的职位上。25岁那年，齐瓦勃又做了这家建筑公司的总经理。

卡耐基的钢铁公司有一个天才的工程师兼合伙人琼斯，在筹建公司最大的布拉德钢铁厂时，他发现了齐瓦勃超人的工作热情和管理才能。当时身为总经理的齐瓦勃，每天都是最早来到建筑工地。当琼斯问齐瓦勃为什么总来这么早的时候，他回答说："只有这样，当有什么急事的时候，才不至于被耽搁。"工厂建好后，琼斯推荐齐瓦勃做了自己的副手，主管全厂事务。

两年后，琼斯在一次事故中丧生，齐瓦勃便接任了厂长一职。因为齐瓦勃的天才管理艺术及工作态度，布拉德钢铁厂成了卡耐基钢铁公司的灵魂。因为有了这个工厂，卡耐基才敢说："什么时候我想占领市场，市场就是我的。因为我能造出又便宜又好的钢材。"几年后，齐瓦勃被卡耐基任命为钢铁公司的董事长。

齐瓦勃担任董事长的第七年，当时控制着美国铁路命脉的大财阀摩根，提出与卡耐基联合经营钢铁。开始的时候，卡耐基没理会。于是摩根放出风声，说如果卡耐基拒绝，他就找当时居美国钢铁业第二位的贝斯列赫姆钢铁公司联合。这下卡耐基慌了，他知道贝斯列赫姆若与摩根联合，就会对自己的发展构成威胁。

一天，卡耐基递给齐瓦勃一份清单说："按上面的条件，你去与摩根谈联合的事宜。"齐瓦勃接过来看了看，对摩根和贝斯列赫姆公司的情况了如指掌的他微笑着对卡耐基说："你有最后的决定权，但我想告诉你，按这些条件去谈，摩根肯定乐于接受，但你将损失一大笔钱。看来你对这件事没有我调查得详细。"经过分析，卡耐基承认自己高估了摩根。

卡耐基全权委托齐瓦勃与摩根谈判，取得了对卡耐基有绝对优势的联合条件。摩根感到自己吃了亏，就对齐瓦勃说："既然这样，那就请卡耐基明天到我的办公室来签字吧。"齐瓦勃第二天一早就来到了摩根的办公室，向他转达了卡耐基的话："从第51号街到华尔街的距离，与从华尔街到51号街的距离是一样的。"摩根沉吟了半晌说："那我过去好了！"摩根从未屈就到过别人的办公室，但这次他遇到的是全身心投入的齐瓦勃，所以只好低下自己高傲的头颅。

后来，齐瓦勃终于建立了大型的伯利恒钢铁公司，并创下非凡的业绩，真正完成了从一个打工者到创业者的飞跃。

以事业的态度来对待你的工作，并把它当成使命来做，你就能发掘出自己特有的能力，即使薪水很微薄，你也能从中感受到价值。在完成使命的同时，你的工作也会真正变成一项事业，而你的薪水也将会超出你的想象。

尽善尽美是一种态度

亨利·谢拉德是底特律中学的一名希腊语老师。他的财富可以使他不做任何事情而不用为生计发愁，选择做一名希腊语教师只是因为他喜欢这个职业。在工作中谢拉德是一个追求完美的人，因而他总是和教育部门及其他教师产生冲突和矛盾，因为他从来不会在教育问题上向他们妥协。对于这份职业，他有自己的理想和实现这些理想的方式。所以不管遇到什么困难，他也都要坚持走自己的路，完成自己的梦想。

让学生丢脸、吓唬学生，是他最喜欢的也是最常用的教学方式，他的教学方式常常会让学生难堪。不过，在处罚学生前，他都会给学生一个机会，让学生充分达到他的要求，要100%的正确。如果这次仍然还犯错误的话，他就不会客气了。

16岁时，查理到他门下进行两年的希腊语学习。有一天，谢拉德表情很严肃地注视着查里和他的同学们，过了很长时间后，他极其温和的说：“这样说来，你们是想学习希腊语了？但是你们知道你们将会面临什么吗？咱们有言在先：我的要求十分严格，一般好可是不会让我满意的。我喜欢的不是好学生，而是最优秀的学生。” 在这样的情况下，查里开始了他一生中具有决定性也是最有意义的两年学习生涯。有时，为了纠正一个在重音上的小疏忽，查里会把自己写的句子全部擦掉，再重写一遍。其他学生被迫写10遍的东西，查里却往往要写20遍。查里常常在回家路上的包装纸上都抄满希腊语句子。

每天谢拉德都用蓝笔改正查里和他的同学们上交的的作业，在出现严重错误的地方会很不客气地写下批评的话。但是查理发现，他从不忽略一行，查里无法想像他是怎样做到的。不过，他知道日复一日，年复一年，谢拉德都一直一丝不苟地这样做着。

当查里的作业已经做到近乎完美的无错可挑时，并没有等来谢拉德的表扬，只是让他继续努力。

掌握希腊语之后，查里又决定学习写作。在之后的希伯来语、阿拉伯语和社会学学习中，查里都一直采用这种方法，并严格按谢拉德的要求进行。

自从谢拉德离开校园后，查里再也没有见过他。直到半个世纪过后的现在，查里都始终依据谢拉德的标准来要求自己，他说：“每件值得你做的事，都值得你努力做好，每件值得你做好的事，都值得你努力做得尽善尽美。”

每一个人对每件需要你做的事情，都要竭力做到尽善尽美。这不仅是一种要求，更是一种态度，你生活中和工作中都应该具备的。不是最优秀的计划，就不要去读它，只有最好的，才是被期望与认可的。一个人或者一个团队，只有具备一项优秀的工作计划才能一步步地靠近它，实现它。

几种错误的工作态度

我们经常在很多企业里听到这样的话，“我只拿这点钱，凭什么去做那么多工作，我的活对得起这些钱就行了。”“我们那个老板太抠门了，只给我们开这点儿工资。还有，经理干的活也不比我多多少啊，可他的薪水比我高出一大块，他拿得多，就该干得多嘛，我只要对得起这份薪水就行了，多一点我都不干。”

根据相关的调查研究，员工错误工作态度主要有以下几种典型表现：

——不求有功，但求无过

有一些员工，做事循规蹈矩，不迟到不早退，能力不能说不强，也有很多想法。但每次做起事来，都只是按照基本要求做完就好，他从没想过要把工作做得更好一些。

——三心二意，敷衍了事

有些员工，他们每天上班仿佛只是人来了而心没来，做起事来要么无精打采，要么心不在焉，要么经常握着个电话打个没完。工作就像小学生在应付老师的作业，每次都是在最后关头才急急忙忙地赶完。在他们看来，反正能将经理应付过去就行了。

——明哲保身，怕负责任

对于很多人来说，如果不给予一定职务或待遇上的承诺，很少有人愿意主动地去承担一些工作，因为做的工作越多，意味着担负的责任越重，做得好也就罢了，做不好就会“吃不了兜着走”。所以，干脆只做好自己的事情就可以了，其他的事情能不管就不管、能推则推。

——一味抱怨，不思解决问题

任何一个企业都不可能十分完美，总会存在或多或少的问题，这些问题总会引来一些员工的牢骚——不是嫌待遇低，就是觉得工作环境不好；不是认为某经理不讲人情，就是不耐烦下属办事不力……很多时候，大家只知道埋怨，而不去考虑如何去处理这些问题。但对于企业而言，它对员工的一个基本要求就是：发现和解决企业发展过程中出现和存在的各种各样的问题。

由上可见，如果我们想在未来的事业上有所成就，就必须该改正以上几种错误观点，培养具有职业精神和敬业精神的工作态度。

老板不说 但你要做到的事

第二章

关注细节，成就完美

小细节成就大事业

每一个成功的员工都会把一切做得相当完美，这种态度意味着对待小事和对待大事需要一样谨慎的作风与精神。

许多小事中就蕴含着深刻的大道理。记得一位名人说过，“每一天我们都被召唤带着挚爱去做一些小事情”。如果你认为小事可以被忽略，甚至可以完全不顾的话，那么这只会导致你的工作永远留下遗憾，甚至会带来不可估量的损失。

四季酒店在这一方面做得就非常出色，他们拥有客人详细的个人资料记录，包括之前住宿的历史记录，上面清晰的罗列了客人的一系列数据和偏好。在四季酒店，客人的历史记录告诉了相关服务人员客人对房间风格的偏好、房价标准、个人愉悦的事情以及素食等特别要求。这些详细的信息都是用来为客人今后享受服务提供更好体验的保证。

有一次里卡尔从纽约飞到芝加哥去参加一个重要的会议，在飞机上他不小心弄脏了自己的衬衣，所以他决定下飞机后先去买一件衬衣换上，这样不至于让人以为他是一个邋遢的人。在商场的服装部，里卡尔很快挑选了一件合体的衬衣，并付好了钱，准备离开。这时，服务小姐叫住了他。

“先生，看您的穿着，一定是要出席某种重要的场合吧？”

“的确是这样！”里卡尔微笑地回答着。

“先生，如果是这样，我认为您需要清理一下您的皮鞋，这一定会令您更加神采奕奕的。”她始终保持着微笑，“我们这里有免费的擦鞋机，如果您需要的话，我可以带您去。”

这真是一个意外的惊喜，而且在这之前里卡尔从来没有考虑过，参加这样的会议，他的鞋子是否应该清理一下。

这种对细节的关注给了里卡尔最温暖的体验，以后他每次到芝加哥都会光顾这家商场。

许多珍贵的生活原则都包含在最普通的日常生活经验中。同样，真正的机会也经常藏匿在看来并不重要的工作琐事中。

是的，无论是为客户清点账单还是在客户休息时递上一杯水，这些都是非常小的事情。就算你不为客人倒一杯水，客人也不会有太多的抱怨。有些小事可能别人并不在乎，有些需求可能连他们本人都没有意识到。但如果你能够洞悉这些细节并把这些小事做好，不仅能给别人更多的满意、更大的惊喜，而且企业的赢利、员工自身的发展与提高，都可以在这些小事中得到实现。

从现在开始，关注身边的小事吧！当你把一件件小事都做好时，就会发现，其实真正的大事就隐藏在这些微乎其微的小事当中。即便是最普通的事，也应该全力以赴、尽职尽责地去完成。对于小事情的顺利完成，有助于你对大任务的成功把握。一步一个脚印地向上攀登，便不会轻易跌落。通过工作获得真正的力量的秘诀就蕴藏在其中。

合格的标准就是100%

我们工作中出现的问题，经常只是一些细节、小事上做得不完全到位，而恰恰是这些细节的不到位，产生了极大的影响。对很多事情来说，细节上的一点点偏差，往往会导致结果上的千差万别，所谓的“失之毫厘，谬以千里”就是这个意思。很多员工工作没有做到位，甚至相当一部分员工做到了99%，就差1%，但就是这点细微的区别使他们在事业上很难取得突破和成功。一位管理专家一针见血地指出，从手中溜走1%的不合格，到用户手中就是100%的不合格。为此，员工要自觉地由被动管理到主动工作，遵循规章制度，让其成为自觉的行为习惯，把事故苗头消灭在萌芽之中。

功亏一篑的事情在这个世界上太多了。比如说，开水烧到99度，你想差不多了，不用再烧，很抱歉，你永远喝不到开水。这就是说：百分之九十九等于零。100件事情，如果99件事情做好了，一件事情未做好，而这一件事就有可能对某一单位、某个团队、某个人产生百分之百的影响。

任何事情，只有做到100%才是合格。因此，要想把事情做到最好，在心中就必须时刻牢记不能忽略任何1%。

在决定事情之前，要进行周密的调查论证，广泛征求意见，尽量把可能发生的情况考虑进去，尽可能避免出现1%的漏洞，直至达到预期效果。

生命中的大事皆由小事累积而成，没有小事的累积，也就成就不了大事。人们只有了解了这一点，才会开始关注那些以往认为无关紧要的小事，开始培养自己做事一丝不苟的美德，力争成为深具影响力的人。

做事一丝不苟，意味着对待小事和对待大事一样谨慎。生命中的许多小事都蕴涵着令人不容忽视的力量，那种认为小事可以被忽略、置之不理的想法，正是我们做事不能善始善终的根源，它不仅使工作不完美，而且生活也不会快乐。

每一位老板都知道一丝不苟的精神是多么难得，不良的工作作风总是会在公司四处蔓延，要想找到愿意为工作尽心尽力、一丝不苟的员工，是很困难的一件事。因为无论大事、小事都尽心尽力、善始善终的员工真的很少了。

无论未来从事何种工作，一定要全力以赴、一丝不苟。能做到这一点，就不会为自己的前途操心。世界上到处都有散漫粗心的人，只有那些尽心尽力、善始善终者是供不应求的。许多老板一直在费尽心机地寻找能够胜任工作的人。这些老板所从事的业务并不需要出众的才华与娴熟的技巧，而是需要谨慎、尽职尽责地工作。他们聘请了一个又一个员工，却因为粗心、懒惰、能力不足，没有做好分内之事而频繁将这些员工解雇。与此同时，社会上众多失业者却在抱怨现行的法律、社会福利和命运对自己的不公。

许多人无法培养一丝不苟的工作作风，原因在于贪图享受、好逸恶劳，背弃了对待工作应尽职尽责的重要原则。

一个人成功与否在于他是不是做什么都力求做到最好。成功者无论从事什么工作，都绝对不会轻率疏忽。

小节约赚来的大利润

作为一名员工，我们每做一项工作，都要想一想，怎样才能为企业节约每一分钱，甚至一分钱都要掰成两半儿花。只有把这种节约的意识深入到每一项工作、每一个环节上，我们的最低成本目标才会实现，这也就是“为企业节约一分钱，就相当于为企业赚取了一分钱利润”的道理。

在一家效益相当不错的金融机构，老板让他的秘书发公告，公告的内容是所有的纸都要两面用完才能扔掉。这个消息一传出，所有的员工都开始议论纷纷，什么样的说法都有。这个故事从表面上看来，似乎证明的是老板的吝啬,一张纸都要如此做文章。

其实老板这样做自然有他的道理。为了让每一个员工对节约的规定都能心服口服，老板特意召集所有员工开了一次动员大会，他对所有职员说：“让你们这样做，公司确实可以减少部分开支，相对来说，也是为我们公司变相的增加利润。同时也可以培养员工的节俭和成本意识。”

如今好多公司都在提倡这样的节约精神：节约每一分钱，每一分钟，每一张纸，每一度电，每一滴水，每一滴油，每一块煤，每一克料。

一家国际知名企业在报上登出批评的文章：

一张白纸写几个字就扔掉；拿宣传单页铺在浴室的衣橱内；大小会议、开业庆典，即便是对集团内部，动辄也以精美的请柬相邀，尽管打个电话也完全可以达到邀请的目的。更不用说那精美的请柬每张至少要两元，而“打发”每张请柬只需仅仅几分钟。还可以推想，得派人买请柬，填写请柬，再派人派车花时间送请柬，成本谁算过?

再说发传真，问一位驻外营销人员每天收发多少张传真，答曰：不论张，“张”太小儿科了，要论“米”。可有谁研究过：这几米的传真，有几张是有用的？

还有广告单页，打印之前根本没有预算，一印就是几十万张，一旦过时或不符合市场思路，全都成了废纸，可面对废了的印刷品，有几个上级对此追究责任呢？责任人应该承担百分之几的经济赔偿呢？至今还没有因印刷品作废而受到经济处罚的事件发生。

你也许认为这过于大惊小怪了——偌大一个集团，浪费一张纸怕什么？多打一会儿电话又算什么？让我们一起来算算账吧！假如每个公司一天浪费一张A4纸（按0.07元/张计），2万名员工一年就会浪费将近50万元呢！

各级管理者应该把浪费行为与每个人的利益直接挂钩，否则，这样下去每年公司都会造成许多不必要的浪费。现实中，我们一些员工没有成本意识，他们对于公司财物的损坏、浪费熟视无睹，让公司白白遭受损失，自然也使公司的开支增大，成本提高。

不尽精微，无以致广大。杜绝浪费、控制成本，就是在为企业创造效益；而那些触目惊心的损失，其实就体现在我们常常视而不见的细枝末节之中。

养成关注细节的习惯

这是一个著名的传奇故事：

1485年，英国国王理查三世在俄波斯沃斯战役中被击败。莎士比亚的名句“马，马，一马失社稷！”让这一战役永载史册。它告诉了我们一个小的疏忽将会带来巨大的灾难。

国王理查三世迎来了一场关键性的战役，这场战役将决定谁统治英国。里奇蒙德伯爵亨利带领着军队正迎面扑来，理查德准备拼死一战。

开战的那天早上，理查派了一个马夫去备好自己的战马。

“快点给它钉掌，”马夫命令铁匠说，“国王希望骑着它打头阵。”

“噢，好的，但是你先得等等，”铁匠回答，“前几天我给国王全军的马都钉了掌，现在已经没有铁片了，我得找点儿来。”

“现在等不及了，”马夫不耐烦地叫道，“敌人就在眼前，我们必须在战场上迎击敌兵。不要去找了，有什么你就用什么吧。”

铁匠遵从马夫的命令，开始埋头干活，他从一根铁条上弄下四个马掌，砸平、整形，固定在马蹄上，然后开始钉钉子。可是钉子只够钉三个掌，钉到第四个掌时没有钉子了。

“我需要一两个钉子，”铁匠看看等在一旁的马夫，说道，“得需要点儿时间砸出来。”

“我告诉过你等不及了，”马夫急切地说，“你就不能凑合凑合？”

“可以的，我能把马掌钉上，但是，它不可能像其他几个那么牢固。”

“那能挂住吗？”马夫问。

“我想应该能，”铁匠回答，“但我没有把握。”

“就这样了，”马夫叫道，“动作快点，耽误了时间，国王会怪罪到咱们头上的。”

两军交锋了，“冲啊！冲啊！”理查国王大喊着，率领部队冲向敌阵。

远远地，他看见战场另一头有几个自己的士兵退却了。他知道，如果别的士兵看见他们这样也会后退的，那就只有失败了。所以理查策马扬鞭冲向那儿，想去召唤士兵们继续战斗。

可是他还没走到一半，一个马掌掉了，战马跌倒了，理查也被摔倒在地。

还没等理查再抓住缰绳，惊恐的战马就跳起来逃走了。他的士兵们纷纷转身撤退，亨利的军队迅速包围了上来。

他在空中挥舞着宝剑，“马！”他悲愤地喊道，“一匹马，国家倾覆就是因为这一匹马！”

在公司里，许多看上去芝麻绿豆大的细节往往被人忽视。其实，很多细节在影响着你的工作和前途。细节是对一个人综合素质最真实的考察，也是你区别于他人的特点。如果你想成为卓越的员工，就不要忽视这些工作中的细节，让自己养成关注小事的习惯。

阿基勃特只是美国标准石油公司的普通职员，但他无论在什么场合中签名，都不忘附加上公司的一句宣传语“每桶4美元的标准石油”。时间长了，同事朋友们干脆给他取了个“每桶4美元”的外号，他的真名反而没人再叫了。

公司董事长洛克菲勒听说了这事，便叫来阿基勃特，问他：“别人用‘每桶4美元’的外号叫你，你为什么不生气呢？”阿基勃特答道：“‘每桶4美元’不正是我们公司的宣传语吗？别人叫我一次，就是替公司免费作了次宣传，我为什么要生气呢？”洛克菲勒感叹道：“时时处处都不忘为公司作宣传，我们要的正是这样的职员。”

五年后，洛克菲勒卸下董事长一职，阿基勃特成为了标准石油公司的下一任董事长，他得到升迁的重要原因就是之前坚持不懈地为公司作宣传。

阿基勃特说：“我成功，就是因为我关注了别人忽视的小事情。”因此，不要因为没有什么惊天动地的事情让自己完美而沮丧，积极地对待你所遇到的每一件小事，或许以后的成功就是因它们而起。

其实，这个世界没有谁能一下子就改变自己的命运，但这并不影响什么，只要你可以从触手可及的小事做起，就一定可以改变现状、促成辉煌。工作中的细节积累就像是水滴，只要肯努力，终有一天你会发现，成功真的就像石板一样被水滴穿。相反，如果你不注意这些细节培养，它就会像一块块不起眼的石子，时间长了，就堵住了你前进的道路。

所以在公司里，至少要注意以下几方面细节：

——从整理办公桌开始，尽可能扔掉无用的文档

办公桌实际就是一面工作的镜子，通过它可以判断一个人的工作态度和能力。首先要保持桌面整洁，这样会给人良好的感觉。尽可能地扔掉无用的文档，只摆一些必要的文件和常用物品。并且要分类放置，使之有条理。千万不要把什么东西都往办公桌上放，那会让人感到混乱。

——不要把请假看成是一件小事

不要随便找个借口就去向老板请假，这样时间长了会让老板无法接受。如果你拿请假不当回事，就是拿老板和工作不当回事，所以不到迫不得已，不要请假。

——办公室不要干私活或闲聊

任何私事都不要在办公室里做，更不能私自使用公司的公物。利用上班时间处理个人私事或闲聊，是绝对不应该的。

——下班后不要立即回去

你可以在下班后静下心来，将一天所做过的工作做个简单总结。制订出第二天的工作计划，并准备好相关的工作资料。离开办公室时，不要忘记关灯、关窗，检查一下有没有遗漏的物品再离开。

——适时关闭你的计算机

控制自己上网、玩游戏的欲望，不要借工作的掩护上网、玩游戏。闲暇时间，你可以买些专业书籍来充电，不能显得无所事事、浪费时间。

现在公司里的竞争都很激烈，每个员工都面临着优胜劣汰，稍一疏忽就可能被淘汰出局。而细节在这个时候就会显出神奇的效果，在不分上下的竞争中提升你的人格，增强你的竞争力。

老板不说但你要做到的事

第三章

除了抱怨，你还可以选择改变

记住，这是你的工作

美国独立企业联盟主席杰克·法里斯曾经讲起过他年少时的一个故事：

13岁时，杰克·法里斯开始在他父母的加油站打工。法里斯心里是想学修车的，但他的父亲却让他到前台接待顾客。

每次有汽车开到加油站时，法里斯必须在顾客的车子停稳前等到固定位置，等顾客把车停好就忙着去检查油量、蓄电池、传动带、胶皮管和水箱。一段时间后，法里斯发现如果他让顾客感觉满意的话，顾客大多还会再次光临。这让法里斯很兴奋，于是他总是多干一些额外的工作，比如给顾客擦去车身、挡风玻璃和车灯上的污渍等。曾经有很长时间，每周都有一位老太太到他们店里来清洗和打蜡。这位老太太很不好相处，而且她的车内地板凹陷非常深，不易打扫。所以每次当法里斯为她把车清洗干净后，她都要再仔细检查一遍，然后挑出很多的毛病来让法里斯重新打扫，直到没有一根头发和灰尘她才会点头表示满意。

有一次，法里斯实在不能忍受了，就跑到父亲那里说他不愿意再侍候她了。他的父亲语重心长说道："孩子，记住，这是你的工作！不管你的工作有多么的枯燥无味，不管顾客对你说什么或做什么，也不管你有多么不喜欢这份工作，你都要记住认真做好你的工作，并以一个员工应有的态度和礼貌去对待你的顾客。"

父亲的话让法里斯大为震动，他说道："正是那件事让我学到了严格的职业道德和应该有的工作态度。这些东西在我以后的职业生涯中发挥了巨大作用。"

"记住，这是你的工作！"每一个对自己的工作不甚满意、充满控诉和抱怨的员工都应该牢记这句话。与其一直喋喋不休地抱怨，还不如一次次地在心里默念：记住，这是你的工作。如果你需要这份工作，那么就不要再抱怨、不要懈怠，而是试着去喜欢它、热爱它。只有改变自己的态度、努力做好自己工作的人才能在的激烈竞争中有很好的发展。

对那些在工作中老是抱怨，却不认真做好自己的事的人、对那些嫌弃客户，埋怨客户要求太多，太挑剔的人、对那些没有激情，总是批评他人，却不知道自我批评的人、对那些总是挑三拣四，对自己的老板、同事、工作这不满意，那不喜欢的人，改造他们的最好办法就是面对他，大声并且坚定地对他说：记住，这是你的工作！

你选择了它，就必须要接受它的全部，而不是只享受它带来的好处。就算有委屈和不满，那也是你工作的一部分。如果一个清洁工忍受不了垃圾的味道，那么他还算是一个清洁工吗？

抱怨无济于事

如果你不知道你要的是什么，那么就别抱怨你老板不给机会。往往喜欢抱怨自己缺乏展示机会的人，都是爱为自己的失败找借口的人。

抱怨没有任何作用，只会让你身边的人远离你。改善你目前处境的唯一办法就是停止抱怨，尝试改变。不妨想一下，如果是你自己，你是喜欢与那些不停抱怨的人一起，还是那些积极乐观、踏实努力、值得信赖的人一起呢？肯定是后者吧。人都是在克服困难的过程中，形成高尚的品格的。相反，那些喜欢抱怨的人，终其一生，也不会有面对困难、正视现实的勇气，却一直在喋喋不休地抱怨，这样的人自然也就不会在工作中取得任何成就。

在工作中，没有人会因为自己的坏脾气和喜欢抱怨发牢骚而获得奖励和晋升。成功的人往往是那些积极进取、踏实肯干，对自己的工作充满热情而从不抱怨嘲弄的人。身居高位之人，经常会鼓励他人像自己一样快乐和充满热情。可惜有些人却无法体会这种用意，将自己的诉苦和抱怨视为理所应当的事。

在所有的机构里，不论大小，吹毛求疵、抱怨嘲弄从来都没有停止，并且还将继续。也许的确有些人承受着巨大压力，或者遭受了公司极不公平的待遇，但是这都不能成为他们选择抱怨不休的借口。

人们遇到不公平的事情时，往往会抱怨，有时甚至会有些消极对抗行动，这很正常。但是如果我们换一个角度，豁达大度地来看待它，那么这种不公平就会成为对我们的一种考验，即所谓“天将降大任于斯人也，必先苦其心志”，宽容和以德报怨是一个人心理上成熟的标志。实际上，抱怨毫无意义，最多不过是发泄一下心中的闷气而已，结果什么也没有改变，甚至会失去更多。一个将自己时时刻刻都停滞在过去时的人是无法想像未来的。聪明人是不会计较过去的，更不会为过去的事情耿耿于怀。

对于管理者，抱怨最大的危害是招惹是非，影响公司的凝聚力，导致部门内部互相猜疑，打击士气。但是，到现在始终找不到一种能彻底根治这种痼疾的良药。所以当你忍不住又想抱怨时，不妨看一看下面这条定律：

老板永远是对的。

当老板不对时，请参照上条。

作为机构或团体的一个分子，轻视、侮辱甚至伤害它，就是伤害你自己。难道你宁愿毫无意义的抱怨，也不愿去发现你工作中那些值得欣赏的东西？试着去理解它、热爱它，然后你会发现结果将大不相同。

在工作中寻找快乐

整天抱怨工作辛苦的人，往往很难相处，也更不容易共事。他们没有提高自己的动机，因为他们的时间全都耗费在抱怨问题上去了，他们没有足够的时间，也没有精力去投入到工作中。对于大多数人来说，真正的现实是：工作就是压力与烦恼。因为，没有多少人的工作正好是自己的兴趣所在，许多人不过是为了生存、金钱、名利等不得不工作。而实际上，工作和快乐是分不开的。一个懂得制造快乐的人，必然也是一个努力工作且能从工作中找到乐趣的人。当一个人充分具有这种能力时，自然就能够在工作中发挥巨大能量，让同事认识到一个富有吸引力的他。

英国著名道德学家塞缪尔·斯迈尔斯就曾经在他的书中提到过这样一个例子：

麦克·凯文是东印度公司的一名文员，他从事这份工作已经很多年了，开始厌倦这个工作的枯燥乏味。终于他做出了决定，要辞掉这份对他来说已成为折磨的工作，去重新享受自由自在的生活。摆脱工作的烦恼令他有着无尽的轻松和喜悦，在他写给好友的信中，他说道："辛辛苦苦干了十几年，每天都过得像坐牢那么单调、乏味、不自由，结果到手的也就这一万英镑而已，我的时间太廉价了。""终于自由了，我再也不用面对那份折磨人的工作了！我可以自由自在地过我以后的日子了。一个人最幸福、最开心的事就是什么也不用干。"两年的时间过去了，凯文的确每天都过得很清闲自在，但是他对工作的想法却再也不是以前那种了。他现在才认识到曾经单调枯燥的工作其实真的很适合他，可他却从来没有认真想过，只知道一味地抱怨和逃避。在他后来给好友的信中，他后悔地说："我现在才意识到，工作乏味真的不算什么，最糟糕的事是没有工作。如果没有了工作，可能刚开始时会觉得悠闲自得，但是不久后就会无法忍受这种每天无所事事的日子。空虚折磨得我几乎要发疯，我对生活中的事情失去了兴趣。我终于明白天堂的雨水从来都不会落在那些没事可做的人身上。而现在我生活中每天做的，也是我做得最多的事，就是散步。我变成了一个谋杀时间的杀手，时间不会原谅我。”

看完这个故事后，你有没有产生共鸣呢？也许你每天都在渴望着摆脱这份工作，但是当你真的摆脱后，你并不会感到轻松，反而会感到不安和迷茫。因为工作不仅仅是为了生存，更是人的精神需求，是来自人的内心深处的一种渴望。

那么就做一个在工作中寻找快乐的人吧！每份工作都有着它独特的美丽、快乐的原因。所以，无论你从事什么样的工作，都要耐住乏味和单调，试着去寻找到属于你的工作的美丽和快乐。安德鲁·卡耐基说：“如果一个人不能在他的工作中找出点‘罗曼蒂克’来，这不能怪罪于工作本身，而只能归咎于做这项工作的人。”

当你找到那份乐趣并为之努力时，你会因此而更有灵感，更有创造力，更加具有比现在还强的工作动机。当别人遇到问题时，你反而会看出解决之道，也能从中发现机会。你的反应会更灵活，能力也会增加，甚至能在“暴风眼”中工作。因为你是如此的稳健，上司或者同事在做困难的决策时很自然就会想到你，那么你距平步青云、步步高升将不远了。

只要你放弃抱怨，开始尝试改变自己，你的工作状况会马上改观，你会感到自己的工作更有意义。在工作中最可怜的一件事，就是在工作中拖延着不去发现工作的乐趣。很多员工梦想着有一天不工作了，可以彻底放松，而不懂得去欣赏一下窗外的蓝天。

怀着感恩之心工作

现在很多职员，常常抱怨这个不对，那个不好。他们还没有对公司有任何贡献，就已经开始满腹牢骚，抱怨不已。在他们眼里只有自己，只知道一味地索取，却不知道什么是回报。他们认为工作的不如意是教育制度的弊端造成的；老板和上司对自己的训诫认为是剥削和压榨。纯粹的商业交换思想造成了公司老板和员工之间的关系紧张。

但是换个角度来看，没有老板就不会有你现在的工作，从这个意义上来说，老板对你是不是有恩呢？那么，为什么不告诉老板你很感谢他给你的机会，感谢他的信任，感谢他的教导？为什么不感激你的同事，感激他们的宽容和理解，感激他们无私的帮助？

如果你能够这样做，那么你的老板一定会受到感染，他或许会用更加具体的方式来表达他的赞赏，可能是加薪，也可能是更多的信任。而你的同事也会更加乐于和你合作共事。

但是即使老板批评了你，也不要愤恨、不要抱怨，而是应该感谢他给予的种种教诲。记住，永远都需要感谢！

感恩并不仅仅对公司和老板有利。对于自己来说，感恩也是一种富裕的人生。感恩是一种深刻的感受，能够散发个人的魅力，开启神奇大门，激发出无穷的潜能。感恩同时也是一种习惯和态度。只知道受恩却没有回报的习惯显示出你的贫乏。即使你的感恩没有得到回应，也不要抱怨，因为你曾经的每一份工作都让你学到了许多宝贵的经验，怀着这样的想法工作，你就不是在承受压力，而是在享受工作带来的愉快心情。

感恩在现代社会已经成为一种道德。然而，人们可能为一个不认识的人的举手之劳而无限感激，却忽视了与他们朝夕相处的人的无私帮助。反而将之视为理所应当，理解成一种纯粹的商业交换关系，但是在这种交换关系背后，难道就没有其他了吗？从商业的角度来讲，可能是一种合作共赢关系；从感情上讲，可能还有彼此之间的亲情和友谊。

你是否曾想过给上司写个字条，告诉他你很喜欢自己的工作，很感激他给予你的工作机会？这种创意的表达方式，一定会吸引他对你的关注——甚至会提拔你。

感恩要大声说出来！让他们知道你对他存有感恩之情！相信这样做一定会增强公司的凝聚力。

真正的感恩应该是发自内心的感激，感激他们的信任和帮助，感激他们的理解和支持。记得，一定要大声说出来，并不是怀有某种不纯的目的，为了迎合他人而故作的虚情假意。与溜须拍马不同，感恩是真情的流露。抱着一颗感恩的心，会让人变得谦逊、宽容。每天花上几分钟为自己可以成为公司一员而感恩，为自己能有一位老板而感恩，为所有感恩，失败的沮丧、自我成长的喜悦、温馨的工作伙伴、值得感谢的客户……

忘恩负义的人经常感觉不到别人的帮助。但是，如果你想要在工作中得到更多，就应该懂得：你拿的工资就好比你吃的水！即使挖井人没打算要求你回报，你至少应该有个感恩的态度，至少要表示一下你的感谢。到最后你会发现，这种感恩态度的回报远远超出了你之前的想像。

第四章

工作没有任何借口

西点法则——没有借口

在美国西点军校，有一个历史悠久的法则，学生在回答教官的问话时只能有：“报告长官，是”，“报告长官，不是”，“报告长官，不知道”，“报告长官，没有任何借口”四种回答，其他的回答，教官不会接受。“没有任何借口”是美国西点军校200年来坚持的最重要的准则之一，是每一个学员在西点军校学会的第一件事。它强调的是学员为完成任何任务竭尽全力，而不是听到学员为任务失败找取各种借口和理由，哪怕是再真实合理不过的理由。秉承着这一传统教条，西点毕业生们在各个领域都取得了显著的成就，创造出无数辉煌。

悲哀的是，在现实生活中我们最常见的是为自己的工作找借口的人。每天我们都可以听到身边的人在为自己寻找各式各样的借口，而不是去为完成自己任务而想尽办法。他们遇到困难不知道努力解决，而只是想到找借口推卸责任，这样的人很难成为优秀的员工。

如果你在工作中不愿承担责任，缺乏创新精神，缺少责任感，做事马虎拖沓，还不断地为自己无法完成的工作寻找借口，那么你是无法达到卓越的。其实，只要我们稍稍检视一下自己的行为，完全可以把自己从怠惰和颓废的状态下拯救出来。借口是可以杜绝的，如果你能抛弃找借口的习惯，你就不会因为工作中出现的问题而沮丧，甚至可以在工作中学会许多解决问题的技巧。这样，借口就会离你越来越远，而成功也就离你越来越近。

因为无论什么工作，都需要不找任何借口的人去落实。要做到“没有借口”，就要从小培养自己负责任的态度，遇事不退缩，努力做好每一件事，尽量不让它出差错。你要千方百计地提高自己的综合素质和能力，想要在千万人中成为出类拔萃的佼佼者，就要用严格的态度来规范自己，那么你终会获得成功。

“军人以服从命令为天职”，这句话大家耳熟能详。其实这个理念在企业中也同样适用，相信会对加强企业的组织性和纪律性有着强心剂的作用。对员工来讲，如果贯彻这个理念，会让自己摆脱工作中懒散爱找借口的毛病，以一种全新的姿态和面貌面对自己以后的职业发展，在未来的工作中取得突破性的成就。更重要的是，员工会形成一种优秀的职业精神，并将这种精神体现贯彻到自己的工作中，发生脱胎换骨的转变，迎来自己职业生涯的高峰。

走向执行的第一步

“没有任何借口”体现的是一种完美的执行力。如果当上司命令你把某项任务“解决了”，而执行的员工却回答说：“找不到人啊，无从下手啊，不会开机器啊，没有原料啊……”最后，上司一听着急了，对你说：“你闪开，让我来”。相信这样的员工不但会被淘汰出局，而且这样的企业也面临着垮掉的危险。

一个人一旦拥有了“没有任何借口”这种品质，就有可能被人们称为“优秀”或者“卓越”。殊不知，在那些真正的勇士看来，这只是成为勇士的一个基本条件。

1861年，当美国内战开始时，美国总统林肯还没有为联邦军队找到一名合适的总指挥官。林肯先后任用了四名总指挥官，而他们没有一个人能“100%

执行总统的命令”——向敌人进攻，打败他们。

最后，任务被格兰特完成了。

从一名西点军校的毕业生到一名总指挥官，格兰特升迁的速度几乎是直线的。在战争中，那些总是能完成任务的人最终会被发现、被任命、被委以重任，因为战争是检验一个士兵、一个将军到底能不能完成任务的最佳场所。

当格兰特将军赢得了战争的胜利，开辟了美国历史的新一页后，很多人开始寻找格兰特制胜的原因。后来格兰特将军做了美国总统，有一次他到西点军校视察，一名学生问格兰特：“总统先生，请问是西点的什么精神使您勇往直前？”

“没有任何借口。”格兰特回答。

“如果您在战争中打了败仗，您必须为自己的失败找一个借口时，您怎么做？”

“那么，唯一的借口就是：‘没有任何借口。’”

“没有任何借口”，就是不找任何理由、不设定任何条件，一开始就全力以赴去做。在竭尽全力之后却依旧完成不了目标的时候，仍然不找任何借口，直到把任务完成。“没有任何借口”最终的结果只有一个：执行任务，然后完成。那些凡是没有完成任务的人，常常是善于为自己找借口的人。

有两种人总是为自己找借口。第一种人是从一开始就找借口为自己开脱，他根本“不想去做”。在日常生活和工作中，我们经常会听到各种各样的借口，比如“那个客人我对付不了”“我现在下班了，明天再说吧”“我明天有事情，完不成这个工作”“我很忙，现在没空”“这件事不能怪我，根本不适合我干”等诸如此类的借口，种种借口有时真的让人无可奈何。在现代公司里，缺少的是那种想尽办法去完成任务的人，而不是时时刻刻寻找借口的员工。

第二种人刚开始也在努力地做，或者是看似努力实际上却根本没有全力以赴的人。他们开始为失败找借口。“我已经尽力了，最后没做好不能怪我一个人”“对手太强大了，我和他们已经进行了很长时间的周旋”“我已经做了分外的事，难道还让我为不该做的事负责？”“是乔治先生中间出了差错，不是我不行”等等。这一类人在做事的过程中根本没有彻底解决问题，一旦出现差错，他们会寻找更合理的借口为自己的半途而废作辩解。

很多人在工作中喜欢寻找各种各样的借口为自己开脱，他们好像有找不完的借口。任何一个老板都是精明的，他们希望拥有更多优秀的员工，希望他们能够不折不扣地完成工作任务。当老板让你做更多更重要的工作时，你如果能不找任何借口地执行的话，老板就会更加欣赏你，正如林肯对待格兰特一样。

扔掉你手中的“挡箭牌”

在工作中，找借口往往体现在以下几种类型：

1. 我开始就没答应做这个事情，所以出了问题不是我的责任（不愿承担责任）。

2. 这几个星期我很忙，我尽量吧（拖延）。

3. 我们以前从来没那么做过，或这不是我们这里的做事方式（缺乏创新精神）。

4. 我从没受过适当的培训来干这项工作（不称职，缺少责任感）。

5. 我们从没想赶上竞争对手，在许多方面他们都超出我们一大截（悲观态度）。

不愿承担责任、拖延、缺乏创新精神、不称职、缺少责任感、悲观态度，上述那些看似冠冕堂皇的借口背后隐藏着多么可怕的东西啊！

也许有的人会说："公司经营好坏和我有什么关系呢？我只不过是被雇佣的员工，即使公司垮了，我大不了另找一份工作，个人并没有什么损失。"

其实，找借口逃避责任，最大的受害者并不是公司，而正是那些找借口的人。

无论是在工作中还是在生活中，人们都不喜欢为自己找借口的人。试想，如果你与某人约好时间见面，而他迟到了，见面张口就说：路上车太多了，或者是他在门口迷路了等，你会怎么想？生活中只有两种行动：要么努力地表现，要么就是不停地辩解。没有人会喜欢辩解的，那些动辄就说"我以为、我猜、我想、大概是"的人，想想吧，你们从这些话中得到了些什么？

当然，我们并不能解决"路上堵车"的问题，我们也不太可能等外部条件都完善了再开始工作，但就是在这种既定的环境中，就是在现有的条件下，我们同样可以把事情做到极致。我们无法改变或支配他人，但一定能改变自己对借口的态度——远离借口的羁绊，抵制借口对自己的影响力，坚定完成任务的信心和决心。越是环境艰难，越是敢于承担责任，锲而不舍，坚忍不拔，就一定能消除借口这条"寄生虫"的侵扰。很多借口其实都是我们自己找来的。同样我们也完全可以远离、抛弃它们。

但你如果只想得过且过，随便都可以找到借口来搪塞责任。做不好一件事情，完不成一项任务，会有很多的借口在那儿响应你、声援你、支持你，你很容易学会抱怨、推诿、迁怒、甚至愤世嫉俗。借口就是一张敷衍别人、原谅自己的"挡箭牌"，就是一副掩饰弱点、推卸责任的"万能器"。有多少人把宝贵的时间和精力放在了如何寻找一个合适的借口上，而忘记了自己的职责啊!

寻找借口唯一的好处，就是把属于自己的过失掩饰掉，把应该自己承担的责任转嫁给社会或他人。这样的人，在企业中不会成为称职的员工，也不是企业可以期待和信任的员工；在社会上也不会成为大家信赖和尊重的人。这样的人，注定只能是一事无成的失败者。

无论做什么事情，都要记住你自己的责任，无论在什么样的工作岗位上，都要对自己的工作负责，扔掉你那些早已防备地树在身前的“挡箭牌”，不要用任何借口来为自己开脱或搪塞，优秀员工不需要任何借口。

勇敢地正视自己的错误

常言道：智者千虑，必有一失。无论一个人如何聪明，也都会无可避免地犯各种各样的错误。人犯了错，一般有两种反应，一种是死不认错，而且还极力辩白，这是可以理解的，因为这是人生存的本能，怕认了错饭碗就保不住；另一种反应是坦白认错。

当别人犯了错误时，我们总是希望他们能够承认并加以改正。可是，一旦我们自己犯了错误时。自己就不愿意承认了。死不认错的好处是不用承担错误的后果，就算要承担，也要把其他人也拖下水分担责任，这就是为什么有人证据明明摆在眼前，还死不认错的道理。

如果你犯的是大错，那么此错必人尽皆知，你的狡辩只是此地无银三百两，让人对你心生嫌恶罢了。如果所犯之错证据确凿，你虽然狡辩功夫一流，但责任还是逃不掉，那又何苦狡辩呢？如果你犯的只是小错，用狡辩去换取别人对你的嫌恶，那更划不来。

那么勇于承认错误的结果是什么样的呢？如果你在工作中能坦率地承认自己的错误，并想办法补救，你给人的印象不但不会受到损失，反而使人尊敬你，信任你，就在公司里反而能树立新的良好形象。

新墨西哥州阿库克南的布鲁士·哈威，有一次错误地核准了一位请病假员工的全薪。在他发现错误之后就告诉这位员工，并且解释说必须纠正这项错误，他要在下次薪水支票中减去多付的薪水金额。这位员工说这样做会给他带来严重的财务问题，因此请求分期扣回他多领的薪水。但这样哈威必须先获得他上级的核准。“我知道这样做一定会使老板大为不满，”哈威说，“在我考虑如何以更好的方式来处理这种状况的时候，我了解到这一切的混乱都是我的错误，我必须在老板面前承认。”

哈威走进老板的办公室，告诉他自己犯了一个错误，然后把整个情形告诉了老板。老板大发脾气地说这应该是人事部门的错误，但哈威重复地说这是他的错误。老板又大声地指责是会计部门的疏忽，哈威又解释说这是我的错误。老板又责怪办公室另外两个同事，但是哈威一再地说这是我的错误。最后老板看着哈威说：“好吧，这是你的错误。现在你把这个问题解决掉吧。”这项错误改正过来了，而没有给任何人带来麻烦。哈威觉得自己做得很不错，因为他能够处理一个紧张的状况，并且承担了一切。自那以后，老板就更加看重哈威了。

一个人对待错误的态度可以直接反映他的敬业精神和道德品行，敢于承认错误可以使人更伟大，而打死也不承认错误，只知道为自己的错误找借口的员工则迟早要被公司清除出去。

在你的工作生涯中，诚实认错有如下好处：

——为自己塑造了勇于担当的形象，无论上司或者同事都会欣赏、接受你的作为，因为你把责任扛了下来，不会推诿，他们感到放心，自然尊敬你，也乐于跟你合作，更乐于替你传播你的形象。

——可借此磨练自己面对错误的勇气和解决错误的能力，因为你不可能一辈子做事零缺点，趁早培养这种能力，对你的未来的发展大有好处。

——你的认错如果真的招来上司的责怪，那么可塑造你的弱者形象，弱者往往是引人同情，也能引来助力的，你会因此而获得不少人心。

所以，认识到自己的错误时，就诚实地认错吧，千万别找借口！更何况，当你主动认错后就会发现，许多问题并没有你想像得那么严重。

但是犯了错误之后，勇敢承认不代表着一了百了，更重要的是你要想办法补救。有的员工承认错误后，整天陷入自责和不安之中，生怕哪一天老板会因此而惩罚自己。这样做不仅会影响自己的情绪，还会进一步影响自己的工作，这种精神状态会让你在老板心目中的地位一落千丈。所以，在承认错误之后，你不要惊慌失措、过分忧虑，当务之急是你怎样努力去弥补错误，达到老板满意的程度。

松下幸之助曾说："偶尔犯了错误，但从处理错误的方法，无可厚非我们可以看清楚一个人。"老板所欣赏的是那些承认自己错误，并及时改正错误并加以补救的员工。

成功来自于在错误中不断学习。只要你能从错误中吸取教训，便不会再重蹈覆辙。只要你能尽快补救错误，你就能成为老板心目中值得栽培的人才。

优秀与普通的差别所在

在英语里，有一句话在许多企业广泛流传：No Excuse——没有任何借口或者是拒绝借口。这句话是坚守原则最有力的行动保证，也是优秀员工拥有完美执行力的根本所在。

优秀员工和普通员工的区别在于，普通员工一般都会这么想："公司和老板为我做了些什么？"而那些优秀员工则会想："我能为老板做些什么？"大多数人都认为尽自己的能力完成分配的任务，对得起自己的薪水就可以了。但是，这远远不够，要想取得成功，必须付出更多，才能获得更多。

很多人遇到困难不知道努力解决，而只是想到找借口推卸责任，这样的人很难成为优秀的员工。

休斯·查姆斯在担任"国家收银机公司"销售经理期间曾面临着一种最为尴尬的情况：该公司的财政发生了困难。这件事被在外头负责推销的销售人员知道了，并因此失去了工作的热忱，销售量开始下跌。到后来，情况更为严重，销售部门不得不召集全体销售员开一次大会，全美各地的销售员皆被召去参加这次会议，查姆斯先生主持了这次会议。

首先，他请手下最佳的几位销售员站起来，要他们说明销售量为何会下跌。这些被唤到名字的销售员一一站起来以后，每个人都有一段最令人震惊的悲惨故事要向大家倾诉：商业不景气，资金缺少，人们都希望等到总统大选揭晓后再买东西等等。

当第五个销售员开始列举使他无法完成销售配额的种种困难时，查姆斯先生突然跳到一张桌子上，高举双手，要求大家肃静。然后，他说道："停止，我命令大会暂停10分钟，让我把我的皮鞋擦亮。"

然后，他命令坐在附近的一名黑人小工友把他的擦鞋工具箱拿来，并要求这名工友把他的皮鞋擦亮，而他就站在桌子上不动。

在场的销售员都惊呆了。他们有些人以为查姆斯先生发疯了，人们开始窃窃私语。在这时，那位黑人小工友先擦亮他的第一只鞋子，然后又擦另一只鞋子，他不慌不忙地擦着，表现出一流的擦鞋技巧。

皮鞋擦亮之后，查姆斯先生给了小工友一毛钱，然后发表他的演说。

他说："我希望你们每个人，好好看看这个小工友。他拥有在我们整个工厂及办公室内擦鞋的特权。他的前任是位白人小男孩，年纪比他大得多。尽管公司每周补贴他5元的薪水，而且工厂里有数千名员工，但他仍然无法从这个公司赚取足以维持他生活的费用。"

"这位黑人小男孩不仅可以赚到相当不错的收入，既不需要公司补贴薪水，每周还可以存下一点钱来，而他和他的前任的工作环境完全相同，也在同一家工厂内，工作的对象也完全相同。"

"现在我问你们一个问题，那个白人小男孩没有得到更多的生意，是谁的错？是他的错，还是顾客的？"

那些推销员不约而同地大声说："当然了，是那个小男孩的错。"

"正是如此。"查姆斯回答说，"现在我要告诉你们，你们现在推销收银机和一年前的情况完全相同：同样的地区、同样的对象以及同样的商业条件。但是，你们的销售成绩却比不上一年前。这是谁的错？是你们的错，还是顾客的错？"

同样又传来如雷般的回答：

"当然，是我们的错。"

"我很高兴，你们能坦率承认自己的错。"查姆斯继续说，"我现在要告诉你们。你们的错误在于，你们听到了有关本公司财务发生困难的谣言，这影响了你们的工作热忱，因此，你们不像以前那般努力了。只要你们回到自己的销售地区，并保证在以后30天内，每人卖出5台收银机，那么，本公司就不会再发生什么财务危机了，你们愿意这样做吗？”

大家都说“愿意”，后来果然办到了。那些曾强调的种种借口：商业不景气，资金缺少，人们都希望等到总统大选揭晓以后再买东西等等，仿佛根本不存在似的，统统消失了。

“拒绝借口”应该成为所有企业坚守原则的最有力的保障，它强调的是每一位员工都应该对自己的职业行为准则奉行不渝，没有任何理由地坚决执行，而不是为没有遵守行为准则去寻找任何借口，哪怕看似合理的借口。这种要求是为了让个人学会适应压力，培养自身不达目的不罢休的毅力。它让每一个员工懂得：工作中是没有任何借口的，失败是没有任何借口的，人生也没有任何借口。

第五章

日事日清，拒绝拖延

拖延是一种恶习

拖延，是失败的代名词。懒惰之人的一个重要特征就是拖沓。把前天该完成的事情拖延到后天，是一种很坏的工作习惯。对一位渴望成功的人来说，拖延最具破坏性，也是最危险的恶习，它使人丧失进取心。一旦开始遇事推拖，就很容易再次拖延，直到变成一种根深蒂固的习惯。许多人面对一件事时不是想着马上去做，而是想着“等一下再做也不迟！”拖延与忙或不忙无关，而是一种习惯。好习惯好人生，命好不如习惯好。懒惰如同一种毒素，一旦注入我们的心灵，就会疯狂地滋长，毁掉我们的人生。

习惯性的拖延者通常也是制造借口与托辞的专家。如果你存心拖延逃避，你就能找出成千上万个理由来辩解为什么事情无法完成，而对事情应该完成的理由却想得少之又少。把“事情太困难、太昂贵、太花时间”等种种理由合理化，要比相信“只要我们更努力、更聪明、信心更强，就能完成任何事”的念头容易得多。

拖延是对生命的挥霍。拖延在人们日常生活中司空见惯，如果你将一天时间记录下来，就会惊讶地发现，拖延正在不知不觉地消耗着我们的生命。

拖延是因为人的惰性在作怪，每当自己要付出劳动时，或要作出抉择时，我们总会为自己找出一些借口来安慰自己，总想让自己轻松些、舒服些。有些人能在瞬间果断地战胜惰性，积极主动地面对挑战；有些人却深陷于“激战"泥潭，被主动和惰性拉来拉去，不知所措，无法定夺……时间就这样一分一秒地浪费了。

人们都有这样的经历，清晨闹钟将你从睡梦中惊醒，想着自己所订的计划，同时却感受着被窝里的温暖，一边不断地对自己说该起床了，一边又不断地给自己寻找借口——再等一会儿。于是，在忐忑不安之中又躺了五分钟，甚至十分钟……

拖延是对惰性的纵容，一旦形成习惯，就会消磨人的意志，使你对自己越来越失去信心，怀疑自己的毅力，怀疑自己的目标，甚至会使自己的性格变得犹豫不决。拖延有时候也是由于考虑过多、犹豫不决造成的。

适当的谨慎是必要的，但过于谨慎则是优柔寡断，何况诸如早上起床这样的事是没必要作任何考虑的。我们需要想尽一切办法不去拖延，在知道自己要做一件事的同时，立即动手，绝不给自己留一秒钟的思考余地。

解决拖拉的惟一良方就是行动。当你开始着手做事——任何事，你就会惊讶地发现，自己的处境正迅速地改变。

千万不能让自己拉开和惰性开仗的架势——对付惰性最好的办法就是根本不让惰性出现。往往在事情的开端，总是积极的想法，然后当头脑中冒出“我是不是可以……"这样的问题时，惰性就出现了，“战争”也就开始了。一旦开仗，结果就难说了。所以，要在积极的想法一出现时，就马上行动，让惰性没有乘虚而入的可能。

克服拖延的习惯，将其从自己的个性中根除。这种把你应该在上星期、去年或甚至十几年前该做的事情拖到明天去做的习惯，正在啃噬你的意志，除非你革除了这种坏习惯，否则你将难以取得任何成就。

对付拖延的方法很多，譬如为了准时赴约，拨快你的表；定出完成的期限，让不紧急的事变得紧急；建立回馈制度，告诉自己尽快地完成工作，就给自己奖励；先做困难的，再做容易的，就会感到先苦后甘，渐入佳境；或是安排一个人，定期监督自己的工作进度，以防止拖延。每天从事一件明确的工作，而且不必等待别人的指示就能够主动去完成；到处寻找，每天至少找出一件对其他人有价值的事情，而且不期望获得报酬。

“坐而言不如起而行”，任何时候，当你感到推拖的恶习正悄悄地向你靠近，或者当此恶习已迅速缠你，使你动弹不得时，你都需要用这句话提醒自己，开始走向卓越的道路。

今日事一定要今日毕

玛丽·简供职于西雅图第一金融担保公司，在三年的工作中，她赢得了“难不倒”的美誉。她有自己的一套工作准则，那就是她处理每一件事都细致周到，并保证它们在第一时间高品质地完成。

凭着自己付出的努力和“今日事，今日毕”的工作作风，玛丽·简晋升为本部门的小组领导，由于她总能认真倾听同事的想法，了解部下所关心的事情，并领导她的部门出色地完成每一项任务，玛丽·简的小组赢得了好评，成为全公司公认的可以委以重任的团队。

与此相反，三楼有一个运营部门，人数众多，绩效却不理想，他们与玛丽·简的团队形成了鲜明的对比，因此成为大家批评的焦点。为了能让公司有一个全面的改观，老板决定提升玛丽·简为三楼的业务经理。几个星期后，玛丽·简慎重而又很不情愿地接受了提升，虽然公司对她接手三楼寄予厚望，但她却是硬着头皮接受了这份工作。工作的开展自然十分艰难，但是玛丽·简迅速调整心态，把对这份工作的厌恶转变成了热爱。同时，她的这种积极的情绪深深地影响了员工，在这种精神的支持和鼓舞下，玛丽所在的部门迅速改变并最终成为公司的典范。

作为一名员工，玛丽强迫自己爱上自己选择和接受的工作，通过自己的努力，为公司做出巨大的贡献，也为自己的职业生涯写下了闪亮的一笔。

你应该检视一下，自己是否经常性地在接手一项工作后半天才拟订工作方案？你是否在做一件工作时又分心去干别的……你已经浪费了很多时间，在你磨磨蹭蹭的时候时间已经悄然流逝。

著名的《今日歌》写道：“今日复今日，今日何其少，今日又不为，此事何时了？人生百年几今日，今日不为真可惜，若言姑待明朝至，明朝又有明朝事。”今日不清，必然积累，积累就拖延，拖延必堕落、颓废。延迟需要做的事情，会浪费工作时间，也会造成不必要的工作压力。

任何事情如果没有时间限定，就如同开了一张空头支票。只有懂得用时间给自己压力，到时才能完成。所以你最好制定每日的工作时间进度表，记下事情，定下期限。每天都有目标，也都有结果，日清日新。在众多的企业中，海尔就是当日事当日毕的一个典型代表。

海尔在实践中建立起一个每人、每天对自己所从事的工作进行清理、检查的“日日清”控制系统。案头文件，急办的、缓办的、一般性材料摆放，都是有条有理、井然有序，临下班的时候，椅子都放得整整齐齐的。

“日日清”系统包括两个方面：一是“日事日毕”，即对当天发生的各种问题（异常现象），在当天弄清原因，分清责任，及时采取措施进行处理，防止问题积累，保证目标得以实现，如工人使用的“3E”卡，就是用来记录每个人每天对每件事的日清过程和结果；二是“日清日高”，即对工作中的薄弱环节不断改善、不断提高，要求职工“坚持每天提高1%”，70天工作水平就可以提高一倍。

对海尔的客服人员来说，客户对任何员工提出的任何要求，无论是大事，还是“鸡毛蒜皮”的小事，工作责任人必须在客户提出的当天给予答复，与客户就工作细节协商一致。然后毫不走样地按照协商的具体要求办理，办好后必须及时反馈给客户。如果遇到客户抱怨、投诉时，需在在第一时间加以解决，自己不能解决时要及时汇报。

做事拖延的原因可能五花八门：一些人是因为不喜欢手头的工作；另一些人则不知道该如何下手。要养成更富效率的新习惯，首先必须找出导致办事拖延的原因。此处列举的问题囊括了大部分拖延的原因，我们将帮你找到相应的对策：

——如果是因为工作枯燥乏味，不喜欢工作内容，那么就把事情授权给下属，或雇佣公司外的专职服务。一有可能，就让别人来做。

——如果是因为工作量过大，任务艰巨，面临看似没完没了或无法完成的任务时，那么就将任务分成自己能处理的零散工作，并且从现在开始，一次做一点，在每天的工作任务表上做一两件事情，直到最终完成任务。

——如果是工作不能立竿见影取得结果或者效益，那么就设立“微型”业绩。要激励自己去做一项几周或几个月都不会有结果的项目很难，但可以建立一些临时性的成就点，以获得你所需要的满足感。

——如果是工作受阻，不知从何下手，那么可以凭主观判断开始工作。比如，你不知是否要将一篇报告写成两部分，但你可以先假定报告为一单份文件，然后马上开始工作。如果这种方法不得当，你会很快意识到，然后再进行必要的修改。

现在就开始做

“拖延是人的本性，几乎每个人都有拖延的习惯。”当你产生拖延的想法的时候要立即转变思想。

这就是拖延的思想根源。仔细思考一下，拖延的事情迟早要做，为什么要等一下再做？现在做完等一下可以休息，有什么不好？现在休息，也许等下要付出更大的代价。

马上行动，这句话是一个最惊人的自助启动器。任何时候，当你感到推拖的恶习正悄悄地向你靠近，或者当此恶习已迅速缠上你，使你动弹不得时，你都需要用这句话提醒自己。

总有很多事情需要去做，如果你正受到怠惰的钳制，那么不妨就从碰见的任何一件事着手。是什么事并不重要，重要的是，你突破了无所事事的恶习。从另一个角度来说，如果你想规避某项杂务，那么你就应该从这项杂务着手，立即进行。否则，事情还是会不断地困扰你，使你觉得繁琐无趣而不愿意动手。

想想，在日常工作当中，有哪些事情是你最不喜欢拖延的。让你会非常有冲劲，促使你想去完成一件事情。

当事情不如意时，一定是你没有掌握正确的方法，当完成的速度不够快的时候，一定是你使用的策略不对。

凡事掌握其根源，必定会得到非常大的收获和成效，不管你现在要做什么事情，请马上去做。

“现在”等于成功，“以后”等于失败。现在是成功象征词，明天，下星期，以后，某些时候，某天是失败的象征词，许多很好的想法因为我将来某一天开始而成泡影，我们应该现在就开始，就是现在。

一位员工准备晚上7点开始加班，但因为晚饭吃多了，所以决定看一会儿电视。看一会儿结果看了2个小时，因为电视节目很精彩。晚上9点，他坐在桌前正准备工作，突然又想起来要给朋友打一个电话，一聊又是几十分钟，因为他一天没跟他的朋友聊天了，一个晚上的时间就这样不知不觉溜走了，到了夜间11点多钟，他打算工作，但又太累了，集中不了精神，最终，他还是去睡了。他一直没有能够坐下来工作，因为他花的准备时间太长了。

这种“过分做准备工作的人”不计其数。他们在开始工作之前总是先聊天，削铅笔，读报纸，擦桌子，泡杯茶，然后再开始工作。

有一种方法可改掉这种习惯，即告诉自己：我此时此刻已经一切就绪了，可以开始工作了；我拖延时间什么也得不到，我要把“准备”的时间和精力用到开始工作上去。

当你养成“现在就开始做”的工作习惯时，你就掌握了个人进取的精力。

以下是几种克服拖延的方法，你可以根据自己的情况参考使用：

——设定工作期限

设定了工作时限，就能控制拖延，而且，那个期限如果是个一定要完成、无法再变动的，这样一来，就没有拖延的借口。

——分类找原因技巧

是什么原因使我无法做某项工作？寡断？害羞？无聊？无知？散漫？恐惧？疲倦？无法忍受不愉快？缺乏必备的工具？一字一句具体指出拖延某事的原因，区分类别。如能正确地认清问题，则解决方法就会变得相当明确。如原因是信息不足，则可以开始寻找必需的资料。

——大腊肠切片技巧

如果工作相当艰巨，则稍稍暂缓，拿出纸来做思考，记下完成工作的所需步骤，步骤的幅度愈小愈好，即使它们只需花费一到两分钟，也需分别记下。

这个艰巨的工作就像一条未被切割的大腊肠，庞大、皮厚、油腻，难以入口，但若切为薄片，则相当引人垂涎。将艰巨的工作分开看待，即是每个小小的即时工作单位，就像可以马上享用的腊肠片，而非整条腊肠。

——引导式工作

假设想拖延写信，不要试着去强迫自己（因为已经试过，且没有效果），只要采取一小步骤，当做完此步骤，便可以决定是否要继续去写信。这步骤可能是看看信的地址，或将纸转入打字机，或取下纸来，或写下想提出的要点。任何事皆可，只要是明显的身体行为。这是打破内心困顿的方式，其理论基于：事物静止时依旧是静止着，运动时依旧是运动着。

——5分钟计划

有些工作难以分割成小块，如想清理积压如山的公文，大约需要一小时，实在很难将它简单分割成“即时工作”。这时，可试试5分钟计划，和自己做个约定，允诺以5分钟做这工作，时间一到，便可自由去做想做的事，或是继续5分钟。不管工作多么令人厌烦，仍需常常去做5分钟。5分钟后，若不想接着继续干，则不要干，约定就是约定。在将工作撇开之前，记下另一个5分钟工作的时间。

5分钟的时限，无论多讨厌的工作也变得不那么讨厌，而且常常有种可炫耀小成就的骄傲感。

此外还有记日记、和自己对话、利用录音机和自己对话、让信得过的亲朋好友固定时间督促检查你的工作等等方法来克服拖延。

别把事情"拖到下辈子"

当今世界一切都讲究效率。瞬息万变的现代社会中，我们面临着很多不确定因素，稍有迟疑，就会使原本独特的创意构思瞬间变得一文不值。

人们往往将杰出者的成功归因于他们的深思熟虑和高瞻远瞩，其实有点失之片面了。他们真正成功之处在于，他们确定目标和产生好的想法后付诸行动的速度，这才是他们最杰出的地方。无论什么事如果有了决定就马上付诸实施是他们的共同点，"现在就干，马上就干"是他们的口头禅，今天所想的好主意他们今天就得实行。

与立即行动相反的是"事事拖延"。大多数人都存在着拖延的习惯，本来想好的事，就是磨磨蹭蹭不付诸行动。"等明天"、"得等一个合适的时候"、"条件还不具备"……今天等明天，明天等后天，就这样等下去。结果可想而知，只能是"等到下辈子"了。

所以现在立即行动吧！

还有很多事情需要你去做，如果你正在懒惰拖延，那么就从你手里正在干的这件事着手。这件事是什么并不重要，重要的是，你打算从此摆脱拖延的恶习。从另一方面来讲，如果你正想逃避某件杂事，那么就从这项杂事入手，立即行动。否则，这件事仍然会一直困扰你，让你愈加觉得烦琐无趣从而不愿意解决。

（1）对自己要有信心。相信自己一定可以干好这件事，不要害怕，不要犹豫，不要拖延，马上行动。

（2）做好时间规划。把要做的事做个规划安排，现在马上就需要做，明天要做的，下个月要做的，然后每天睡觉前检查自己执行情况，看自己有没有拖延。

（3）讲究策略，多想办法。比如将繁杂的工作适当分解为许多小的行动步骤，一次一个就行。

（4）在事先预定的时间内完成任务，要对自己严格约束。

（5）破釜沉舟，背水一战，让自己没有任何借口。

（6）利用外界的力量，好让自己立即行动。

（7）别要求万事俱备，等到那个时候，可能黄花菜都凉了。

可能刚开始时，你会觉得坚持这种做法太难，但一段时间后你会发现这种态度将会成为你个人价值中很重要的一部分。最终当你收获到他人的肯定和赞赏时，你的工作和生活将重新激发你的活力，你会选择一直坚持用这种态度来做事。

高效率的人的时间观念很强，他们会计划好做每件事所需的时间，并且要求自己在这个时间内完成。所以如果你在工作中对时间观念没有严格的要求，那么从现在开始就应该培养自己。而当你发现你可以在很短时间内做更多事情时，相信你一定会惊讶不已。

如果人生想要成功，那么就要一点一点地打好基础。不如先给自己确立一个切实可行的短期目标，等到真正实现后，再向更高的目标迈进。

停止拖延，立即行动吧！别把事情拖到“下辈子”！

老板不说但你要做到的事

第六章

为未来工作，而不是每月的薪水

最初的薪水，最后的努力

每个人都希望能够得到一份有很高薪水的工作，为此大家甚至可以放弃自己的兴趣爱好、专业知识。的确每个人都希望能够挣大钱，但我们都应该牢记："在开始工作的时候，不必太顾虑薪水的多少。而一定要注意工作本身所给予你们的报酬，比如发展你们的技能，增加你们的经验，使你们的人格为人所尊敬等等。"

几年前，有两位都很聪明的年轻人毕业求职。他们读书时成绩都十分优秀，兴趣和爱好很相同，对他们来说，有许多工作机会可供选择。当时，一家小型公司正在招聘助理，两个年轻人就去试试看。

他们俩分别去应征，第一位前去拜访的名叫吉米，面谈结束后他说："这家公司太苛刻了，他居然只肯给月薪400美元，我拒绝了他。现在，我已经在另一家公司上班了，月薪600美元。"

后来去的学生名叫唐克，尽管开出的薪水也是400美元，尽管他同样有更多赚钱的机会，但是他却欣然接受了这份工作。有人问他："如此低的薪水，你不觉得太吃亏了吗？"

他说："我当然想赚更多的钱，但是我对这家公司的印象十分深刻，我觉得只要能从他那里多学到一些本领，薪水低一些也是值得的。从长远的眼光来看，我在那里工作将会更有前途。"

那是几年前的事情了。第一位学生当时在另一家公司的薪水是年薪7200美元，目前他也只能赚到8750美元，而最初薪水只有4800美元的唐克，现在的固定薪酬是20000美元，外加红利。

这两个人的差异到底在哪里呢？吉米被最初的赚钱机会蒙蔽了，而唐克却能基于能学到东西的观点来考虑自己的工作选择。

许多年轻人在选择工作时都会问“月薪多少”、“工作时间长吗”、“有哪些福利”、“有多少假期”，以及“什么时候调薪”等。90%以上的人都忽略了一项重要的因素，那就是“我工作到底是为了那一点薪水，还是为了自己的美好未来？”

公司所交付的工作可以发展我们的才能，所以工作本身就是我们人格品性的有效训练工具，而公司就是我们生活中的学校。有益的工作能够使人思想丰富，智慧增进。一个人只为了薪水去工作，此外更无其他较高的动机，那他是不忠实的。而受他欺骗最厉害的人，正是他自己。他就在日常工作的量与质中欺骗了自己，而这种因欺骗而蒙受的损失，日后即使再怎样的急起直追、振作努力，也是永远不能补偿的。

所以，如果一个人只是为着薪水而工作，对于薪水高低问题的考虑，完全凌驾于经验、技能、对自己能力的提升之上，而没有更高尚的目的，实在不是一种好的选择。公司只支付给你微薄的薪水，你固然可以敷衍塞责来加以报复。可是你应当明白，公司支付给你工作的报酬固然是金钱，但你在工作中给予自己的报酬，乃是珍贵的经验、优良训练、才能的表现和品格的建立，这些东西的价值与金钱比，要高出千万倍。

你投入工作中的量与质，可以决定你的薪水高低。不管刚开始薪水如何低微，对一切工作，都愿付出至诚的服务，至高的努力，而不肯自安于“次好”与“较低”，这种精神的有无，可以鉴别出你将获得成功抑或失败。

在工作过程中，人应该运用自己的机智，发挥自己的才能和创造力，来改进做事的方法。在工作中，要日日求进步，不要落伍，要以富有兴趣的心理状态来做一切事情。只有这样，才能使你的公司对你产生特别的关注。有些薪水很微薄的人，忽然被提升到重要的职位上，这看来似乎很奇妙，其实是因为在拿着微薄薪水的时候，他们就在工作中付出了切实的努力，有一种追求尽善尽美的态度，获得了充分的经验，这些便是他们忽然获得晋升的原因，他们的薪水自然也会得到满意的提升。

你在为自己工作

“我不过是在为老板打工。”这种想法具有很强的代表性，在许多人看来，工作只是一种简单的雇佣关系，做多做少，做好做坏对自己意义并不大。

汉斯和诺恩同在一个车间里工作，每当下班的铃声响起，诺恩总是第一个换上衣服，冲出厂房，而汉斯则总是最后一个离开，他十分仔细地做完自己的工作，并且在车间里走一圈，看到没有问题后才关上大门。

有一天，诺恩和汉斯在酒吧里喝酒，诺恩对汉斯说：“你让我们感到很难堪。”

“为什么？”汉斯有些疑惑不解。

“你让老板认为我们不够努力。”诺恩停顿了一下又说：“要知道，我们不过是在为别人工作。”“是的，我们是在为老板工作，但是，也是在为自己而工作。”汉斯的回答十分肯定有力。但是，大多数人并没有意识到自己在为他人工作的同时，也在为自己工作——你不仅为自己赚到养家糊口的薪水，还为自己积累了工作经验，工作带给你的远远超过薪水以外的东西。从某种意义上来说，工作真正是为了你自己。

贝恩做了一辈子木匠，并且以其精业和勤奋而深得老板的信任。年老力衰时，贝恩对老板说，自己想退休回家与妻子儿女享受天伦之乐。老板十分舍不得他，再三挽留，但是他去意已决，不为所动。于是老板只好答应他的请辞，但希望能再帮助自己盖一座房子。贝恩自然无法推辞。

贝恩已归心似箭，心思全不在工作上了。用料也不那么严格，做出的活也全无往日的水准。老板看在眼里，但却什么也没说。等到房子盖好后，老板将钥匙交给了贝恩。

“这是你的房子，”老板说，“我送给你的礼物。”

老木匠愣住了，悔恨和羞愧溢于言表。一生盖了如此之多华亭豪宅，最后却为自己建了这样一座粗制滥造的房子。

这也许不过是一个寓言故事，但是它生动地说明了，你所做的努力并不完全是为了老板，你归根到底是为自己而工作。

勤奋敬业并不完全是由于物质的刺激，对金钱的刺激是一种本能的反应，是个人追求的最低层次，更高层次的则是一种自动、自发的精神，一种对事业更深层次的理解。

“我不过是在为别人打工”这句话中隐藏着的另外一层意思是：“如果我是老板，我会更加努力。”但是，事实却并非想像的那么简单。

有些人的态度十分明确：“我是不可能永远打工的。打工只是过程，当老板才是目的。我每干一份工作都是在为自己获得经验和开阔眼界，而不是为现在的这点薪水。等到机会成熟，我会毫不犹豫地自己去干。”创业是一种激情，但是如果抱着“如果自己当老板，我会更努力”的想法，就会变成一种不良的情绪。

杰克是一位颇有才华的年轻人，但是对待工作总是显得漫不经心。他认为：“这又不是我的公司，我没有必要为老板拼命。如果是我自己的公司，我相信自己会像老板一样夜以继日地工作，甚至会比他做得更好。”

一年以后，他自己独立创业了，开办了一家事务所。“我会很用心地做好它，因为它是我自己的。”他这样说。

半年以后，杰克关闭了公司，重新去为别人工作，因为“太麻烦，太复杂，根本不适合自己的个性”，这种结果在意料之中。一开始，许多年轻人都会抱着满腔热情，全身心投入其中，但是一遭遇困境，就缺乏足够的耐心。外在的物质利益只能起短时间的刺激作用，必须养成持之以恒和努力的良好习惯。

别把薪水作为衡量标准

很多人在走出校园时，总对自己抱有很高的期望值，认为自己一开始工作就应该得到重用，就应该得到相当丰厚的报酬。他们喜欢在薪水上相互攀比，似乎薪水成了他们衡量一切的标准。但事实上，刚刚踏入社会的年轻人缺乏工作经验，是无法委以重任的，薪水自然也不可能很高，于是难免会有许多的怨言。

在他们看来，我为公司干活，公司付我一份报酬，等价交换。仅此而已。他们看不到工资以外的东西，他们甚至对服务一无所知，在校园中编织的美丽梦想被“枯燥”的工作击碎。没有了信心，没有了热情，工作时总是采取一种应付的态度，能少做就少做，能躲避就躲避，敷衍了事，不要说去服务他人，自己的本职工作都很难顺利完成。他们想的只是对得起自己挣的工资，从未想过是否对得起自己的前途，是否对得起家人和朋友的期待。

刚刚步人社会的年轻人，一定要放弃“做一天和尚撞一天钟”“拿多少钱，做多少事”的想法。对于薪水的问题，不能简单地理解为“我们拿100元的钱，就应该做100元的事”。如果反过来思考一下，我们做100元的事，是不是就只能拿100元的钱呢？若拿1000元的钱，做了10000元的事，那么加薪是自然的事。小付出，小回报；大付出，大回报。

但在人的天性中，存在这样一个可悲的习惯，总是在见到具体的回报后才愿意付出。如果一个人习惯这么想，可以说，他经常得到的很少。只有明白了先付出，才会有取得的道理，勇于付出，乐于付出，先做出优秀的业绩，再期待相应的报酬。

工作的质量决定生活的质量。无论薪水高低，工作中尽心尽力、积极服务，能使自己得到内心的安宁，这往往是事业成功者与失败者之间的不同之处。工作过分轻松随意的人，无论从事什么领域的工作都不可能获得真正的成功。将工作仅仅当作赚钱谋生的工具，这种想法本身就让人蔑视。

有所施定有所获，这是因果法则。

我们要相信大多数企业经营者都是明智的，都希望能吸引更多富有才干的员工，并且会根据每个人的努力程度和业绩来晋升、加薪。那些工作中能尽职尽责服务他人、坚持不懈地提高工作品质的人，终会有获得晋升的一天，薪水自然会随之提高。

世界上大多数人都希望在付出之前得到回报，如果你能改变这种看法，你就超越了一份普通工作的意义，也就迈出了人生成功的第一步。

比薪水更重要的事

工作所给予你的，要比你为它付出的多的多。如果你转变思维方式，不把工作只当成拿薪水养活自己的手段，而是一个学习经验的机会，那么每一项工作都会让你受益良多，这一切比薪水更重要。

为薪水而工作，似乎目标很明确，但实际情况是我们通常容易被短期利益所蒙蔽，看不清未来的发展道路，结果可能就是在岔路上越走越远，也可能是即便奋起直追，我们也无法和那些眼光长远之人齐头并进，更不要说后来居上。

那些因为嫌弃薪水太低而对工作敷衍了事的人，固然是对公司的一种损害，但是时间长了，无疑是对自己的一种伤害，断送了自己的希望和前途。

因此，面对微薄的薪水，你应当懂得，老板给你的工作报酬固然是金钱，但你在工作中获得的报酬是丰富的经验、能力的训练、才华的展现和品格的提升。

新人刚进入职场时，不要过分考虑薪水的多少，而应该思考工作本身会带给我们怎样的回报。比如锻炼自己的技能，丰富自己的经验，完善个人的品格……

因为能力比薪水要重要上千万倍，它不会遗失也不会被偷。我们不妨去研究一下那些成功人士，就会得出一个结论：那就是他们并非一生中一直处于事业的巅峰，有很多次他们曾攀上高峰但也曾坠落谷底。跌宕起伏的人生中，有一种东西他们始终没有失去过，那就是能力。能力会让他们重登高峰，俯览众生。

我们羡慕那些成功人士所具有的创造力、决策力和敏锐的洞察力，但要知道他们也不是一开始就具有这些能力，这种能力是在长期的工作中收获的。通过工作他们了解自我，发现自我，最终在某天学会了充分发挥自己的潜力。

一个人如果总是为自己的薪水多少而绞尽脑汁的话，他是不会看到工资背后所隐藏的潜在价值的。他也不会想到在工作中学习的技能和经验，为自己的未来积累无形资产。这样的人只会不自觉的就将自己困在装着薪水的瓶子里，永远也跳不出去，看不到除了薪水外的那片广阔天空。如果你不再在意薪水，而是一直努力工作，要求进步，你就会有一个优秀的、没有污点的人生记录，可能让你在公司甚至整个行业都声誉良好，为你以后的事业发展奠定坚实的基础。

现在放弃是为了明天的收获

你的老板决定了你的薪水，却没办法法遮住你的眼睛，捂上你的耳朵，不让你去思考、去学习。

如果你的老板并不是一个聪明的人，没有注意到你的努力和付出，也没有给予你肯定和相应的价值回报，那么也不要沮丧，不如换一个角度来思考：现在的努力并不是为了更高一点的薪水，而是为了你自己的未来。要知道人生并不是只有现在，我们应该做的是放眼于更长远的未来。工资高了自然好，但那也只是个短期的考虑， 最重要的是不断学习的机会，为自己未来的事业发展打好基础。更何况生存要靠发展来解决，只盯着眼前的温饱，那你永远也只是满足温饱而已。

工业时代，学徒为了学一门手艺常常要拜师学艺，却往往是一分钱也拿不到的，而且要学习好多年，但是他们没有丝毫怨言。现在的年轻人在学习经验的同时还可以拿工资，却不知珍惜,整日抱怨不已。

根本原因在于两者对薪水的看法不同。在工业时代的学徒看来，他们更看重的是这个学习知识和技能的机会。现在的辛苦和付出是为了将来能拥有属于自己的作坊和店铺。而现代年轻人则更关注眼前的现实利益，现在的工作就是为了物质上更好的消费和享受。

自然，随着时代的变迁，看重现实利益并没有错。但是问题本身在于现代年轻人目光较为短浅，不注重个人能力的培养和提高，眼睛盯在现实利益上却不肯思考自己在未来会有怎样的价值。

现在的放弃是为了未来的收获。尽管工资很低，但是我们应该认识到，每一份工作都是我们学习的机会，不仅能锻炼我们的意志，发展我们的才能，也能让我们在各种机会和场合中丰富自己的人际交往经验和技巧，提升自己的品格。

就拿德国首相俾斯麦来说，别的方面我们暂且不提，单在这一点上，我们就应该向他学习。他在德国驻俄大使馆时薪水也很低，不过他却从来没有因此而放弃努力。在那里他学到了对他后来的政治活动有很大帮助的外交技巧和决策能力。

现在很多成功的商界名人刚开始工作时的收入也很低，不过他们没有将眼光局限于此，而是继续勤奋努力地工作。因为在他们看来，他们更为需要的不是金钱，而是经验、能力和机会。等到他们将来有所成就之时,自然不用再担心金钱的问题。

所以，当你工作时，要记得时刻告诉自己：我是在为自己的将来而努力。无论薪水有多么低，都必须清楚地认识到那只是你从工作中收获的一小部分，获得更多的是经验和机会。别太关心你的工资，把更多的时间用在学习新知识，锻炼能力和展现自己的才华上，只有这些东西才有可能在将来成为无价之宝。它们的无形价值远远超过了你未来所赚到的那些有形资产的价值。从新人到一个睿智的、有能力的、高效的管理者的过程，正是你一步步成长与收获的过程。你可以在未来的发展中充分发挥这些才能，当然无法想像，到时的你会获得怎样的天价报酬。

如果你认为自己的薪水太低，也不要放弃，因为在工作中你拥有了只属于自己的无形资产——技能、经验、信心和勇气等等，这些无形资产最终都会给你带来巨大的有形资产回报。不要对自己说：“既然薪水少，我就干的少，没必要那么费尽心力地去完成工作。”也不要因为自己挣的少就安慰自己说：“算了，我没有他们有能力，拿到这些也应该。”只盯着眼前这点微薄的薪水，会让你失去前进的动力，也错过许多宝贵的机会，最终与成功失之交臂。

试想一下两个背景相同的年轻人，薪水都是一样的低。一个却依然热情努力、主动积极，从没有因为薪水问题而对自己的工作满腹牢骚、懒散懈怠，凡事都为公司的利益着想，在工作中不肯放过任何学习和锻炼的机会。而另一个总喜欢喋喋不休地抱怨：自己的薪水太低、老板不够重视自己、目前的职位太没前途等，却忽视了自己工作中的许多学习机会，不肯把眼光放长远些，去想一下自己在这份工作中能获得什么无形价值，对自己未来有什么帮助。

不难猜想最后成功的将会是哪一个。现在的放弃是为了明天更好的收获，目前的那点薪水真的代表不了什么。

老板不说 但你要做到的事

第七章

培养核心竞争力，让自己不可替代

不要凡事只做到最低标准

企图掌握好几十种职业技能，还不如精通其中一两种。什么事情都知道些皮毛，还不如在某一方面懂得更多，理解得更透彻。

工业革命带来的最重要的结果之一就是专业化。

现代生活，没有核心能力的公司将会逐渐倒闭；没有核心能力的人，一辈子注定只能拿死薪水。你是否会成为这种人？不妨问自己几个问题：

——你是否正走在一条正确的道路上？

——你是否像画家仔细研究画布一样，仔细研究自己工作的每个细节？

——为了扩大自己的知识面，为公司创造更多的价值，你认真阅读过有关的专业书籍吗？

——你所做的每一件事都尽心尽力了吗？

如果你对这些问题无法做出肯定的回答，那就说明你并不比他人做得好，也无法超越他人。你也不必疑惑为什么自己明明比他人聪明却长期得不到提升。

在自然界，每一个物种都在发展和加强自己的新特征以求适应环境，获得生存空间。生命的演化如此，生活和事业的发展也是如此，社会对个人的知识和经验不断提出了更高、更广、更深的要求。

泛泛地了解一些知识和经验是远远不够的，多才多艺往往使许多人失去成功的机会。许多有前途、有思想的年轻人一开始无法果断地选择一个正确的方向，无法持之以恒地走下去，结果一直到老年依然还徘徊不定。一位著名的企业家说：“‘万事通’在我们那个年代还有机会施展，现如今已一文不值了。”企图掌握好几十种职业技能，还不如精通其中一两种。什么事情都知道些皮毛，还不如在某一方面懂得更多，理解得更透彻。

你必须不停地加强和丰富自己的专业知识，依靠艰苦的训练，强化自己的专业地位，直到比你的同行知道得更多。如果你无法比他人做得更好，就别想超越他人，就无法形成自己的核心能力。核心能力把自己与他人区别开来；核心能力使自己变得不可取代。

这种核心能力的取得需要在职业生涯中做出“正确的选择”，需要一个长期的训练过程。

许多生活中的失败者几乎都在好几个行业中艰苦地奋斗过。然而如果他们的努力能集中在一个方向上，就足以使他们获得巨大的成功。

许多“离成功只有一步之遥”的人，恰恰因为缺乏最后跨入成功门坎的勇气而功败垂成。

成功的秘密武器是：无论从事什么职业都应该精通它。现在，最需要做到的就是“精通”二字。掌握自己职业领域的所有问题，使自己比他人更精通，你就有可能比其他人有机会得到提升和发展。

梭罗说过：“判断一个人的学识，就要看他主动把事情弄清楚的程度。”罗盘指针在被磁化之前所指的方向是不确定的。只有在被磁石磁化具有特殊属性之后，才成为罗盘。同样，一个人一开始可能确定不了自己的方向，但是他最终必须确立一个自己发展的空间，并且要非常精通，只有这样，渊博的知识对其发展才大有裨益，才能让自己不可替代。

打造自己的核心竞争力

人毕竟是生活在社会环境中的，这是一个充满竞争的时代，分工也越来越细，技术和思维不断进步。怎样才能培养自己的核心竞争力，让自己适应越来越激烈的社会竞争，在群体环境中脱颖而出呢？下列五大能力是核心竞争力的主要内容，也是在职场上胜出所必备的能力。只有快速提升自己的核心竞争力，才能自信面对工作中的各种挑战，让自己不可替代。

——培养逻辑思维能力

很多事情都是有秩序和固定的模式的，所以培养逻辑思维非常重要。但很多时候，人只会凭过去的印象或经验来解决问题。如果小时候被热水烫过，就会一直认为那个水壶是烫的。“一朝被蛇咬，十年怕井绳”，这都是人的惯性思维在起作用，而没有用科学的逻辑分析和思考。

逻辑思维能力是可以培养的。美国有一家公司推出一个课程，专门教人逻辑思考。比如说，今天为什么灯不亮？有很多种原因：可能是停电了，可能是灯泡坏了，可能是开关出问题了，或者可能是里面的线断了。存在这么多的可能性，到底哪个是事实。有人会根据过去的经验来判断，说上次灯不亮是因为灯泡坏了，于是就找一个灯泡换上，可事实上并不是灯泡的问题。他接着再想到，还有一次灯不亮是因为开关问题，于是又去弄开关，但结果还是不亮。最后才一拍脑袋，突然意识到，噢，是停电了，由此看来人都很习惯用过去的经验来做事。

该课程有一套独特的方法，它会设计几个问题，逐一分析下去，最后很快就能找到答案，而不用费力地去验证究竟是不是头脑里猜想的那个原因，这便是逻辑思考产生的效率。

——策略思考的能力

一个人能力最大差异在于“思考能力”，要创造出自己与团队的价值，就必须先思考定位。

当开始思考时，首先要能清楚地厘清现状与预期理想的落差，然后才去思考差距要如何弥补。学习运作自己的策略思考能力，寻找团队正确方向，你可以先从观察老板如何处理事情的态度，学习试着去理清脉络、追随时代趋势，从而找出正确的制胜之道。

策略思考为何重要？我们可以清楚看出，有些人一辈子持续努力、埋头苦干，他经营的企业却成绩平平。这关键在于领导人不懂得策略思考。若公司策略是对的，看出全球未来十年的趋势，员工就可以很轻易地达成公司整体目标；若策略是错的，就算大家任劳任怨、埋头苦干，也无法有大成就。

因此选工作，若在二十年前，高科技产业执产业之龙头，足足有二十年荣景，现在则是知识经济产业、生物科技产业当红的时机。十年河东十年河西，领导者要懂得策略判断，有时候策略正确比努力来的重要。

——沟通与表达的能力

由于现今处在一个知识爆炸的时代，人与人沟通频繁且迅速，一个人最常被评价的就是沟通与表达能力。沟通与表达，实为一体之两面，若能相辅相成，将有显著的效果。

如何让别人对你有正面且合理的评价，就要学习如何正确沟通与表达。首先，清楚与精练的语言能力，让别人更了解你的想法；再者，诚恳确有自信的态度，将使你更容易获取别人的信任。

人是群居的动物，在团队合作中，一旦被孤立，信息就容易被封锁，处在一种封闭且孤立无援的状态。如何避免被团体隔离继而沉默或懊恼地离去？你要确知自己团队的价值为何，学习乐意与人交谈，保持开放的心态，乐观地就事论事，不要让自己成为计算机前无声的一个工作机器而已。喜欢沟通与乐于表达，你将看见世界上多彩多姿的想法，继而让你的工作打开一扇扇通往世界的门窗。

——人际交往的能力

不少上班族抱持着一种错误认知，“只要把工作做好，人际关系不重要”，因此很容易落入一种怀才不遇的自怨自艾心态。事实上，建立起自己的人脉数据库是非常重要的。人脉关系是一种无形的资产，与人交往保持弹性，避免情绪化，花时间投资人脉将使你的工作获得很大的助力。

与人往来，要秉持着三大原则，第一、我先示好，第二、有来必有往，第三、不必强求。凡事从自己做起，学习给周遭的人一个笑容，尝试抛出友好的讯息。若对方主动给你善意的响应，别忘了适当地表达你的感动。

总之，沟通就是要从自己做起，仔细去关心周遭的人，那么你会很容易得到好回报。对方有所回报，在团队里也就容易得到资源支持。

若对方不能够成为你的朋友，其实无须强求，天下知音虽难寻，但你必须保持自己的格调。记得，交到一个好朋友，可能是你人生成功的重要关键，而树立一个敌人，将来可能成为你成功的绊脚石。

——迅速转换情境之EQ能力

我们处在现实社会里，难免碰到挫折、负面能量迎面痛击、别人态度或脸色很差的时刻，根据统计，一个人一天平均会接触到七个负面信息与一个正面信息，而每一个负面信息都要有三个正面信息才能降低它对我们情绪的杀伤力，因此，现代上班族很容易不自觉地处在充满负面信息的环境中。

上班时碰到负面信息时，若情绪低落的状态一直持续，渐渐你会发现在团队里人人都会与你保持距离。因此，学习迅速转换情境，正面思考的能力是非常重要的。碰到困境时，如何将危机化为转机，不要一直执着于外来的负面讯息，好与坏都在一念之间，学习迅速转换心境、保持工作愉悦，这样团队合作效率才会大步提升，负面信息也不再交互影响。

保持创新是关键

现代社会信息流通速度很快，很难有技术能确保长时间不被抄袭。唯有不断创新，不断与竞争对手区别，才能永远保持领先的创新竞争力。只有让对手追不上你的脚步，一直是你的跟随者，你才有可能是赢家。

“永远不要在你的竞争对手设定的游戏规则里与他竞争”，这是商场上制胜的法则。创新的行销策略，创新的企业营利模式，是你将追随者远远抛在身后的必杀技。永远保持着观察时势变迁的心态，要记住“昨天的真理，今天不见得是正确的”，只有随着时空变迁因势利导才是对的。

记住：固执的人不容易有创新。当一个人不承认别人比他厉害时，就很难有创新能力。只有勇于提出新想法，不一味追随竞争对手，学习从旧思维的规矩、框框中跳脱出来，才能避免画地为牢，才有可能开创新的格局。

在这个日新月异的时代，不能墨守成规，不要认为过去都是对的。

要善于思考，善于发问：现在的做法是不是已经不符合潮流，是不是需要及时改变？要善于接受新的思想和因素，也要善于接受改变。

愿意改变，才会想办法创新。如果总是用过去的方法行事，就不可能有突破。一个不断创新的个体，才会让大家耳目一新；同样，一个有创新能力的员工，才能够让对手夜不能寐，防不胜防。

创新是一种动力。只有创新，才能每段时间都看到自己在变化、在进步。

创新需要不断思考，需要不断地突破，因为人都有惯性，都习惯用以前的方法来行事。

一位年轻有为的炮兵军官上任伊始，到下属部队视察他们的操练情况。他在几个部队发现相同的情况：在一个单位操练中，当别的炮兵都在听命并然有序地进行操作时，最后一名士兵总是自始至终站在大炮下的跑管下面，纹丝不动。军官不解，就问身边的营长，营长也不知道，就去问一位老士官长。最后得到的答案是：操作条例就是这样要求的——炮兵的操作条例仍然因循着非机械化时代的规则。最后一名士兵的任务是负责拉住马的缰绳。因为在以前大炮是由马车运载到前线的，到达目的地后，为了便于调整大炮发射后因后坐力产生的距离偏差，减少再次瞄准所需要的时间，所以专门安排了这样的一名士兵。但现在大炮的自动化和机械化水平很高了，已经不再需要这样一个角色，操练条例却没有及时地调整，一直保留着最后一位士兵——“不拉马的士兵”。

“不拉马的士兵”说明如果不紧跟时代变化做出适当的调整，最后的结果常常会是让人啼笑皆非。我们不能预料到因为墨守成规可能会出现的后果，可能结果就不只是无法适应激烈的社会竞争，或许会毁灭或者灭亡。做人做事要时刻牢记尝试创新，真正具有竞争力、别人无法代替的人是那些一直在抛弃陈规、勇于创新的人。在现代社会激烈的竞争大环境下，没有创新就意味着被社会遗弃，被他人取代。

还有一个故事：有个年轻女子嫁到婆家后，婆婆就教她怎么做菜。她看见婆婆总是把南瓜切成很小的一块一块，然后才放进锅里煮。媳妇很不解，就问婆婆：“锅那么大，为什么还要费力再把南瓜切小呢？”婆婆说：“我也不晓得。我嫁过来的时候，我的婆婆就是这样教我的。”然后年轻媳妇又去问奶奶，奶奶也说不晓得，她嫁过来的时候，她的婆婆也是这么教她的。最后终于在村里问到一个很老很老的妇人，老婆婆说：“因为很久以前，家里用的锅很小，但南瓜很大，只有把南瓜一块一块切小了，才能够放进去。”而这习惯，就一代一代地传下来了。

后来锅虽然大了，但人们的习惯却没有变，依然很费力地把南瓜切成很小的一块一块，白做了许多无用功。所以，一定要保持创新的头脑，审时度势，依据变化而做出相应的改变，只有这样才会让自己拥有别人无法代替的核心竞争力。

培养自己独特的专长

一个人没有独特的专长，想要在职场上立住脚，恐怕是天方夜谭。换句话说，要想让自己成为一个优秀的员工，你应当有所专长。理由有二：一是如果你拥有专门的知识或技能，即使其他方面比别人差也不会感到自卑；二是这些知识或技能，总有一日会派得上用场。

专长就是你的与众不同之处，这种专长可以是一种手艺、一种技能、一门学问、一种特殊的能力。你可以是厨师、木匠、裁缝、鞋匠、修理工，也可以是机械工程师、软件工程师、服装设计师、律师、广告设计人员、建筑师、作家、商务谈判高手或管理者等，但如果你想成功的话，你不能什么都不是。优秀员工的共性之一就是，他们都具有出色的专长从而在一定范围内成为不可缺少、无法替代的人物。

众所周知，福特的专长是制造汽车；爱迪生的专长是发明各种令人激动的东西；皮尔·卡丹的专长是服装设计与制作；曾宪梓的专长是做质量最好的领带；阿迪·达斯的专长是制鞋；迪斯尼的专长是画动画；盖茨的专长是编写软件与管理；巴菲特的专长是对华尔街的历史与现状了如指掌……这些人一开始都不算是重要人物，但由于他们不断发展自己的专长，再加上其他条件的作用，最后他们获得了成功。

我们以为他人提供商品和服务商品而生存，因此如果你培养出自己独特的专长，那么通常你的工作会更具有价值。所以从现在开始，如果你还没有专长，你就要确定培养方向，然后进行投资。这需要花费时间、精力与汗水，要持之以恒，才可能会使自己成为这一领域最优秀的人。如果你已经有了一种技能但还不精于此道，那么你也同样要进行专业方面的投资。总而言之，你要全力以赴，使自己变得与众不同。

想像一下，如果你没有专长，将会是一件多么糟糕的事。你制作一份商务合同要查阅各种资料，而一个律师在一个小时内就能起草完毕；你由于不了解谈判的技巧、不知道相关领域的知识，所以推销产品总是很不顺利，而你的同事一天的销售量就相当于你半个月的；你制作一张桌子，需要3天时间，而木匠只需要3小时；你设计并制作一套服装需要一周时间，而裁缝只要一天；如果你的上司要你设计一个简单的工资管理程序，你还要从头学起，那么你如何在激烈的社会竞争中脱颖而出呢？你的优势在哪里呢？为什么别人找他，而不是找你呢？凭什么你的上司提拔他而不是提拔你呢？因为你没有自己独特的专长，所以注定会被别人替代。

所以，你一定要把自己经营好、管理好。成功者会树立这样的信念：我靠提供比别人更出色的产品和服务来获得成功。不仅要有自己的专长，而且要压过这一领域所有的人，让自己具有无可比拟的核心竞争力，让自己无可代替。

为了发展你的专长，从今天开始你要做到两点：

——利用一切可能的机会提高自己专门领域的知识与技能，你要努力制造质量更好的产品，你要努力编写更实用的软件，你要努力写出更漂亮的文章。

——如果你的产品是直接交付客户的，那么一定要精益求精，无论他支付的价格高或者低，都要保证过硬的质量和品质。长期这样坚持下去，不仅技艺会不断进步，还会在这一领域筑起自己的信誉。而良好的信誉意味着源源不断的财富与利润。

人的能力有高低之分，但我们要相信尺有所短、寸有所长，只要认真了解和准确分析自己，做出正确的评估，那么就容易根据自己的特点，发挥优势，培养独树一帜的专长，这是最根本的。只有这样，我们才会在激烈的社会竞争中游刃有余，让自己一直处于不败之地，无可代替。如果不了解自己的特质，扬己所长，避己所短，就有可能事倍功半，无端地消磨掉许多时间。

成为不可替代的人

生物学家研究发现，在成群的蚂蚁中，大部分蚂蚁都很勤快，寻找食物、搬运食物争先恐后，少数蚂蚁却东张西望地不干活。

为了研究这类懒蚂蚁在蚁群中如何生存，生物学家就做了一个实验，他们把这些懒蚂蚁都做了标记，然后，他们断绝了蚂蚁的食物来源，并破坏了蚂蚁窝，然后观察结果。实验者发现，在这个时候，那些勤快的蚂蚁只会一筹莫展，而懒蚂蚁则“挺身而出”，带领伙伴向它早已侦察到的新食物源转移。

接着，他们再把这些懒蚂蚁全部从蚁群里抓走，实验者发现一个奇怪的现象，所有的蚂蚁都停止了工作，乱作一团。直到他们把那些蚂蚁放回去后，整个蚁群才恢复到繁忙有序的工作中。

蚂蚁大多很勤奋，忙忙碌碌、任劳任怨，但大多数蚂蚁紧张有序的劳作往往离不开那些不干活的懒蚂蚁。懒蚂蚁善于运用头脑观察、分析事物，正确地把握当前的行动，使自己在蚁群中变得不可替代。

西班牙著名的智者巴尔塔沙·葛拉西安在其《智慧书》中提醒人们：“在生活和工作中不断完善自己，使自己变得不可替代。让别人离了你就无法正常运转，这样你的地位就会大大提高。”

确实如此，如果你真的能不断提高自己的能力，并在你服务的公司或你从事的事业中变得不可替代，就像蚁群的那些懒蚂蚁一样，那你的成功也就指日可待了。比如在公司里你能勤动脑，以战略的眼光去思考企业的发展，不断寻求企业新的增长点，不断开发新产品、开拓新市场，把握住企业的目标，努力让企业“做对的事”，那你一定会成为公司里的顶梁柱。

一个不可替代的人总会为企业所需要。无论你目前从事哪一项工作，每天一定要使自己获得一个机会，使你在平常的工作之外，从事一些对其他人有价值的服务。在你主动提供这些帮助时，你应当明白自己这样做的目的并不是为了获得金钱上的报酬，而是为了训练和培养更强烈的进取心。

作为企业的一员，你一定要使自己成为所在的团体里必不可少的人物，做到你所做的工作是其他人无法提供的。也许其他人具备更多的知识、技术或声望，但是，只有你能提供公司不可缺少的服务。比如，你的公司提供公关专业服务，如果你能容忍在半夜两点时被叫醒，并且以“愿意做”的态度工作时，别人将会记住你并会给予你高度评价。

在美国影视经纪公司任职的年轻人丹尼丝，是该公司唯一一个愿意每天、甚至每个小时，听一位脾气古怪的电影明星抱怨的人。当这位明星生气罢工时，也是由丹尼丝（不是导演、制作人或录像室老板）去说服她回来工作，并因而使得拍片能赶上进度．为电影公司省下好几百万美金。由于丹尼丝使自己成为照顾重要明星的不可缺少的人，自然她也就受到了老板的青睐。

任何一个人拥有了别人无法替代的能力时，地位就会变得十分稳固。因此，让一切都在自己的掌控之中，让自己的技能无可替代吧，这样才能立于不败之地。只有你成为某人或某团体不可或缺的人物，你的成就才能超出一般的水平，你的地位才能变得重要到无人能取代你的地步。使自己变得比别人强，并且具有多付出一点点的精神，你便可以把美好未来掌握在自己的手中。你也必须先拥有这种培养自己核心竞争力的意识，然后才能在你选择的终身事业中，成为一名杰出的人物。

老板不说但你要做到的事

第八章

结果最大，一切拿结果说话

业绩才是硬道理

作为现代企业的员工，在工作过程中必须拿业绩说话，用业绩证明自己的能力和价值。业绩才是硬道理，业绩对员工和公司的重要性不言而喻，企业要想蒸蒸日上，需要靠好的业绩；员工想获得高薪水也需要好业绩，没有业绩，一切都免谈。

现在大部分公司都实行岗位薪酬制，除一定数额的基本工资外，其余诸如奖金、福利等完全根据个人工作业绩来决定，业绩高则收入高，否则就只能是低薪。在销售、保险等行业，其收入更是取决于工作业绩，可以说完全在于个人能力。

小胡大学毕业后，在一家私营企业做销售，这家企业主要的产品就是自行生产的遥控车库门，在当时的国内，除了这家企业外，其他生产遥控车库门的企业的原材料和配件都是从国外进口后自己组装的。

小胡在面试的时候就给企业的老板留下了深刻的印象，所以老板给了他很高的待遇，但是要求他的业绩必须达到第一。

有一天，老板把小胡叫到办公室，给了他一份客户资料并告诉他一定要在三天内把此单签下来。公司先后派出了几个业务员与这位客户洽谈业务，但都遭到了拒绝。小胡知道这次自己遇到难题了。

第二天，小胡来到这家公司拜见那位总经理。“你好，我是XX公司……”还没等他说完，对方就很不耐烦地摆手说道：“去、去、去！我现在很忙！”表现得很无理。

小胡非常生气，心想自己一个大学毕业生凭什么受这样的待遇，于是扭头就走。可是他又觉得不甘心，便又重新来到总经理的办公桌前，对他说道：“请问经理，您的公司有没有像我这样的业务员？”

这位经理看都没看小胡，说道："你这样的业务员都是不合格的业务员，我的公司当然没有了，我的业务员都是非常厉害的。"

"那么请问你为什么不用我这样的业务员呢？"小胡在那一瞬间下定决心，我一定要把这个订单拿到手，做销售状元，于是他继续问道。

"因为你这样的业务员是最无能的业务员，根本不能给我创造利润，而且还要浪费我大量的时间和精力，我当然不会用了。"

听了这位经理的话，小胡立刻找到了突破口，他看着对自己不屑一顾的经理，仿佛自言自语地说："原来如此，如果我这样回去了，就会被我的老板炒掉，因为我的老板跟你一样不喜欢我这样没有能力的业务员。"

小胡的话果然有了效果，那位经理开始抬头看他，小胡借机继续说道："为了证明我是一位优秀的业务员，同时也为了不被像你这样的老板炒掉，我们重新开始吧！"接下来，小胡和这位经理聊得非常开心，最后他和小胡签下了这个订单。

小胡很快就在公司里得到提升，薪水也越来越高。

市场经济下，公司想要更好的生存和发展，就必须创造价值，而公司价值的获得靠员工的业绩。一个为公司着想的员工，应时时刻刻地想着如何为公司创造价值，而要做到这一点，关键就是拿出你的业绩来证明。因为任何一个企业运营的主要目的都是赢利，这是企业生存的根本。一个人的业绩最能证明他的工作能力，显示他过人的魄力，体现他的个人价值。而且，业绩高低往往直接决定了他薪水的高低。没有能力做出优秀的业绩或不能出色地完成本职工作的人，不但没有资格要求公司给予奖励，还将因自己的业绩平平面临被淘汰的危险。因此，所有职场员工作都应该树立"业绩第一"的观念，努力去为公司打拼更高的业绩。

培养“结果”意识

企业的最终目标是什么？当然是创造利润。利润由什么创造？自然是结果。结果提供利润，使企业永葆活力、生生不息。

决定企业兴衰成败的关键是“结果”，市场不要理由，只看结果。懂得这个，似乎就明白了为什么老总们最喜欢说那句话：“我只要结果！”一个企业想发展，如果没有好结果就无法在激烈的市场竞争中站住脚。因此，作为员工，要培养“结果”意识，思考自己的工作会产生什么样的积极结果，这个结果能给公司创造多大的利润。结果是衡量一个员工能力高低、表现优秀与否的重要标准。

但是，并不是所有员工都能清楚地明白这个道理，更别说落实到具体行动上了。目前很多公司中的员工都分为任务型和结果型两类。任务型的员工只想着完成自己的任务，对完成结果并不多加考虑，“只要做完就行了”，这是他们的普遍想法，不要求有一个完美的结果。而结果型的员工除了会完成任务外，还会追求结果的完美。

一个优秀的员工需要培养“结果”意识，要通过每一个完美的结果来证明自己的实力。

很久以前，一个刚出家的小和尚在受戒以后，被方丈安排去钟楼里撞钟。方丈对他说：“每天的早上和黄昏，你都必须按时撞一次钟。在撞钟的时候你要用心，思考领悟你做这件事的意义。”小和尚点点头表示知道，从第二天起就开始了他撞钟的日子。随着小和尚每天重复这种简单的动作，半年的时间很快就过去了。他开始感到厌倦，觉得撞钟太简单无聊，他认为撞钟是件没有任何意义的事，像师兄那样诵经打坐才是自己该干的。

又过了半年的时间，方丈把小和尚调到了后院去劈柴挑水，原因是方丈认为小和尚无法胜任撞钟的工作。小和尚想劈柴挑水比撞钟还没有地位，就很不乐意，不满地说："方丈，难道我干的活不好吗？我每天都按时撞钟啊。"

方丈说道："你是每天都按时撞钟了，可你只是把它当作完任务，并没有去认真思考领悟我让你做这件事的意义。要知道，佛钟是用来唤醒沉迷众生的，声音必须洪亮、浑厚、悠远，要能给世人以警醒，但是你的钟声却很空洞无力，我从中听不出你的钟声的意义所在。心中无佛，自然无钟，又怎么能胜任撞钟一职呢？"方丈的教诲使小和尚顿悟。从此以后，他潜心修炼，终于成为一代名僧。方丈安排小和尚撞钟，他却把此事当作任务，每天干完即可。最后方丈要把小和尚调到后院，也是因为方丈没有获得想要的结果，小和尚的工作态度让他不满意。

因此，员工在工作过程中，对于老板交代的任务不能仅仅认为"我做完就行了"。这是一种简单的任务意识，而是要想"我要给老板一个让他满意的结果"——这才是优秀员工应该具备的结果意识。

员工要培养"结果"意识，就必须明白只有好的结果才能让自己具有价值，才能为公司创造价值。

公司领导叫李凯外出去买某个型号的打印机，李凯先后跑了三家商店。第一家店的老板说："我们刚卖完。"第二家商店里，营业员说已经去进货了，估计几天后才能到货。而第三家店根本就没有打印机。

李凯看马上就要到下班时间了，只好先回公司向领导汇报，"跑了三家商店，但是都没有，要不过几天我再去看看吧！"李凯满头大汗地说。领导看着李凯，什么也没说。

你认为李凯有没有执行力？当然有。那么他没完成任务，回去汇报时有没有为自己找借口？没有。你认为他做的够不够？当然不够！因为，领导要的只是结果。公司是以成败来论英雄的，仅有认真、努力和付出还不够，员工还需要用完美的结果来证明自己的优秀。

企业会用薪水来体现员工个人价值。创造结果越多的人，价值就越高，薪水也就越高；反过来讲，如果你个人价值越低，你完成的结果就越差，那么你的薪水也就会越来越低。所以，员工的工作完成结果决定着员工的职场命运。所以，当你抱怨自己的薪水太低、机会不多时，就先问问自己这个问题：我怎样才能创造更多的价值，给予更好的结果让经理满意？

职位晋升取决于结果

只以成败论英雄，只看结果不要过程。职场中，聪明的员工会将这两句话牢记于心。

作为职场必谈话题之一的升职从来都牵引着很多人的心弦。但是众所周知，僧多粥少，职位只有一个，候选人却很多。该如何在竞争中胜出就成了关键所在。自然，候选人们都各施手段，花招百出，阳谋与阴谋层出不穷。但胜出的只会有一个。事后研究，也许你会发现，可能这个幸运儿没有施展什么手段，也没有要什么花招，其笑到最后的原因唯“四正”而已——正人、正事、正行、正果，这是升职加薪的四要素。首先人品要端正，其次事情要做对，再次行为要落实，最后结果要完美，这是职场员工发展的终极目标。

为公司做出贡献的员工，才是优秀的员工。对公司贡献大小是公司提拔员工时的重要参考标准。所以，一切拿成绩说话、凭结果说话，只有你做出好的成绩、拥有完美的业绩才会受到老板的器重，才有可能晋升更高职位。

一个培训师有次在浙江宁波为一家企业培训员工。课程结束后，他和这个公司的老总准备一起去吃午饭。在餐厅门口等候时，两人随意闲聊着，轻松而不刻意。培训师问道：“您认为一个好员工应该具备什么样的能力？您更倾向于提拔什么样的员工？”

这位老总哈哈大笑，对培训师说道：“我来给你讲个故事吧。一次，我们公司招聘了两个新人，小李和小王。我有次吩咐他们两人去买辆旧自行车，小李听了后，转身就去了，一个小时后带回了一辆九成新的自行车。小王听完我的话后，却没有立即行动，而是好奇地说：‘杨总您的轿车呢，怎么还买自行车啊？’我没有回答他，然后他也走了，下午下班的时候才弄了一辆回来，而且是六成新的。这件事后，我就相信小李是一个比较有能力的员工，也常常提拔他。”

这个故事说明：老板在评价员工时往往是从执行是否快速和是否令人满意两方面来衡量的。应该注意到，小李并没有问老板买旧自行车的原因，或许他和小王一样好奇，但老总不说，小李认为这是自己不该问的问题，老板要的只是结果，在最短时间内给老板想要的结果才是自己应该干的事。显然，小王分析与执行能力上差了小李一大截。

结合上面提到的四要素来看，小李做到了正人、正事、正行、正果，最终赢得了老板的青睐，得到了提拔。

王先生是江西一家医药公司的高管，他说：“老板决定提升某个主管多是在年终拍板的。年底写年终总结的时候，老板肯定会先想想：生产部主管今年有什么成绩，营销部主管表现怎样，广告部的业绩比去年有较大提高吗？日常工作中那些小事老板一般都不记得的，能记起来的只有你干的那几件大事。所以每年我进行工作规划时，都会结合公司的总体战略目标计划完成几件大事，然后把大事化成若干小事。这样做既能让老板满意，又不会把自己弄得那么累。现在这个位置上我坐得稳如泰山，之前这个主管可是一年一换的，跟走马灯似的。”

几年后，王先生成为了这个公司的副总经理。不可否认，他的话确有取巧的成分，但也充分反映出结果对于职场员工的重要性。如果仔细研究一下那些被提拔上来的人，就可以发现这些人都对公司的发展做出过贡献。有贡献才会被提拔。

你以前有认真想过结果对于职场中人会如此重要呢？如果没有思考过的话，那么可以从现在开始认识结果的重要性了。你应该知道“企业靠结果发展”，“员工靠结果成长”。正因为企业创造财富看得是结果，老板才会只以结果论英雄，才会对结果如此重视。

只论功劳，别谈你的苦劳

苦劳再多也不属于你的功劳，现代社会里，公司只认功劳不谈苦劳。

古罗马时代，有一个很英明的皇帝，对用人之道颇有心得。他手下有一个将领对他忠心耿耿，跟随他多年，一直辗转于各地方为他打江山，洒下不少血汗。有一次，这位将领躬身对他说道：“我敬爱的皇帝陛下，我认为您应该任命我为一军统帅了，我跟着您打了十几场仗，已经积累了非常丰富的作战经验，这些足够我替您去镇守一方了。”

然而皇帝知道这个将领属于有勇无谋的类型，他确实是一员猛将，但却没有统军之才，不懂得用兵遣将、运筹帷幄。于是皇帝让人牵了一头驴子过来对他说："将军，你看这头驴子比你参加过的战役还要多，但是你说他有什么经验呢？驴子依然还是驴子，还是只懂得拉东西而已。"

在皇帝看来，这个将领是没有功劳可言的，他有的也只不过是为自己打江山的苦劳而已。有经验与资历虽然很好，但这并不能作为衡量你能力的标准。这个道理同样适用于公司员工。

在公司中，从来不乏这样的抱怨声："经理太过分了，我在公司辛辛苦苦这么多年，为公司干了多少事？即便没有功劳也有苦劳啊，现在过河拆桥、卸磨杀驴，一个月就给这么点工资、分这么点提成！"其实，这样的员工在说话时应该好好想一下，你让公司获得了多少利润，为公司的发展立下过什么功劳？

事实上，大部分员工在工作中都是表现平平，没有建树的。他们往往在一个位置上一干很多年，但只是一天又一天地重复自己的工作而已，没有发挥什么想象力与创造力。但是，现代市场经济环境下的竞争如此激烈，任何公司都不敢保证自己会在竞争中屹立不倒。没有业绩，即便如微软、福特、联想、海尔等之类的大公司，也有可能会在未来的某天倒闭。

市场以最无情的姿态淘汰了一批又一批的企业，这逼迫着公司最终转向以结果为目标，以利润为根本进行经营。杜邦公司的最高宗旨就是"企业利润高于一切。"这是创始人亨利·杜邦在创立公司时就定下的法则。在这个法则下，人人平等，如果没有为公司创造利润，即便是家族成员，也一样会被解雇，杜邦坚持认为只能让家族为企业服务，不能让企业为家族服务。杜邦对家族成员都如此严格要求，何况对公司员工？只有创造利润、为企业发展做出贡献的人才能进入管理层。

1993年，在IBM濒临绝境之时，郭士纳临危受命接下了这个烂摊子。他上任后的第一件事就是裁员。在这次裁员风暴中，有至少35000名员工被辞退。在会议上，他对那些没有被裁掉的员工道："有些人抱怨公司给自己的薪水少，说我为公司干了这么多年，没有功劳也有苦劳，凭什么公司就这么对我啊。那些抱怨的人却从来不想想，你为公司做出了什么成绩。没有创造出更多的利润，你凭借什么来让我支付你更多的薪水，提拔你到更高的职位？现在，你能否留在公司任职，都要看你的成绩！结果是你唯一可以证明的，我只看结果！”郭士纳的话让员工产生了强烈的危机感，IBM在员工的危机意识中又重新焕发起活力。

郭士纳的话或许无情，但是对员工来说却很适用。现代社会中，任何一家公司对员工都是只看功劳不谈苦劳。评价员工的重要标准，只有业绩，只看结果。资历固然重要，但有资历并不代表有能力，不能把苦劳当资本，老板在对你作评价时更看重的是你的能力，你的业绩。员工只有为公司创造出越来越多的利润，才会被公司重视，成为公司不可替代的人。可以说，要想成为优秀的员工，就必须关注执行的结果，功劳胜于苦劳，业绩胜于雄辩。我们来看下面这则故事：

在一家国有企业的财务部，有个快五十的老员工——老陈。领导看他熬了二十多年，财务部也一直没有进新人，就把老陈提到了如今的财务主管的位置。

2010年，公司想到老陈年纪渐老大，不久也会退休，便着手培养新人以方便未来的工作交接。新人是一个毕业于一家名牌大学会计专业的女生，上面安排老陈来带她，以便尽快熟悉工作环境。

老陈对着这个名牌大学的毕业生，感觉很有压力，在帮助上也没那么上心，有时还会给这个女生小鞋穿。但是，人才就是人才，大学生做事很用心，整理的财务报表也是清楚明白，领导一目了然，而老陈负责的一些重要报表却经常出现错误。

一段时间后，公司领导察觉到了了老陈的行为，劝老陈放下成见，认真帮助新人。但老陈反而更加紧张自己的位置，对那个大学毕业生提防得也越来越严密，以至于后来一些无关紧要活儿也不交给新员工了。公司领导对老陈失望至极，把老陈撤了下来，让大学生坐上了老陈的位置。老陈认为公司不顾及他的面子，让他在公司很丢人，对老板很怨怼，暗地里常骂领导不公平，最后老陈被迫提前退休了。

而新人上任后，对财务部进行了整顿，所有一切都被打理得井井有条，引进的财务管理软件在公司财务的预算、风险管理中都发挥了极大作用，领导感到相当满意。

不可否认，老陈对公司是有苦劳的，但可惜的是他没有功劳。新人却在短短的时间内对公司财务管理做出的贡献才是功劳。这个故事明白地告诉我们：苦劳没有用，功劳才是根本！企业只看功劳不看苦劳。

国外商业理念中只看结果的做法，无疑是先进的。两个职员干同一件事，在最短时间内给予老板最满意的结果的那个才是老板眼里的人才，而不是看谁最辛苦，谁加班到晚上几点。功劳是员工能力卓越的体现，而不是工作中的辛劳；功劳是优秀的业绩，而不是没有效果的无用功。

因此，作为员工要时刻牢记在心的是：公司要的只是你创造的劳动成果，他不在意你究竟为之付出多少劳动。也就是说，只有你的功劳才是价值，你的苦劳是没有价值的。

第九章

把自己融入到团队中去

公司需要团队精神

在当今世界，无论你干什么，团队精神都具有无与伦比的重要性。任何科学研究、理论探索还是工程建设、技术开发等都不能只凭一个人单枪匹马就能完成，团队协作才是关键方法。1961年，在长达十年的美国阿波罗登月计划中，有差不多42万人参与其中，包括2万多家公司、120所大学。

所以现代企业在招聘时把是否有较强的团队合作精神作为一个重要能力。如果一个人不能很好地与队友合作，没有团队意识，那么即使他个人再优秀，聪明的公司也不会选择将其招揽到旗下的。

一家全球500强公司要招聘高层管理人员，许多职场精英闻风而动。在经过层层筛选后，9名应聘者从上百人中脱颖而出，进入了最后的比拼环节，这一轮面试将由老总亲自把关。

老总对9个人的履历和前面几轮的表现都很满意，但是这次招聘只能录取3个人，因此老总给他们出了最后一道题。

把9个人随机分成A、B、C3组，然后让A组去调查婴儿用品市场，B组负责妇女用品市场，C组则负责老年人用品市场。

老总在他们出发前说道："这次的招聘是为公司未来产品的市场开发而挑选人才的，自然要求你们都必须具有对市场的敏锐观察力。今天的这个任务就是想看一下大家对这个工作的适应能力怎么样，请大家竭尽全力展现出你们最优秀的一面来。"在9个人临走时，老总又补充道："为避免大家刚开始调查时的盲目性，我已经让秘书准备了相关材料，一会儿她会分发给你们的。"

几天后，9个人把自己的市场调查报告放到了老总的办公桌上。老总在看完后，走向C组的3人，说道："恭喜，你们被录用了，欢迎成为我们公司的一员。"看着大家疑惑的表情，老总笑着说："请大家相互看一下我让秘书为你们准备的资料。”

原来每个人手中的资料都不一样，A组的3人拿到的分别是关于婴儿用品市场过去、现在和未来的情况分析，其他两组也是同样的情形。

老总继续说道：“C组的3人很聪明，他们互相参考了彼此手中的资料，补充了自己的那份调查报告。而A、B两组的队员们却没有这样做。这只反映出一个问题，就是你们没有团队合作意识，而是习惯了抛开队友，各自行动。这样的人才在我们公司是不被接受的，因为只有团队合作精神才是现代企业成功的坚实保障。”

当今社会的企业比以往任何时候都更加需要团队合作精神，为了共同的目标而相互帮助、资源共享、压力共担，才能创造高效益，赢得高利润。团队中的每一个成员都有着自己的专长，但也有自己的劣势。通过团队合作实现成员间的优势互补，就会产生1+1>2的效果。对于企业而言，可以毫不夸张地说，员工的团队意识直接关系企业的生死存亡，所以你工作中的第一件事就是培养自己的团队精神，让自己尽快融入到团队中来。

抛弃个人主义

作为一个个体，即便你才华横溢，如果不依靠团队的力量，而是自己一人在社会上单打独斗很难创出属于自己的一片天。你可能会凭着自己的力量取得一定成就，但是如果想要干出一番大事业的话，那非团队合作所不能。

有个年轻人大学毕业后到一家公司上班，第一天老板就交给他一项任务：为一个很有名的大公司做广告策划方案。

年轻人看是老板亲自下达的命令，自然不敢怠慢，立即开始低头苦做了起来。但是作为一个刚刚毕业初进职场的新人，他无疑是半点经验也无的，偏偏他却始终不肯开口请教他身边的同事，也不与老板沟通，询问老板的想法，自然是一头雾水、满脑浆糊。结果几天过去了，这个方案仍然一点进展也没有。其实老板在他刚进入公司就给他这样一个任务，主要是为了考察他是否具有团队合作意识，而不是为了为难他，但结果的确令老板很失望。

一个人的力量很有限，难以突破时空和环境设置的障碍。有些人在工作中，宁愿一头扎进自己的任务中撞个头破血流，也不愿和自己的同事多交流，携手共进。这样的人想达到事业的顶峰是不可能的，因为当你费尽心力终于有所突破时，人家已经遥遥领先了。你的呕心沥血只不过是做了无用功。

从前，有两个饥饿的人，上帝赐予他们各自一样东西：鱼竿和一篓活鱼。得到活鱼的那个人走开后开始煮鱼充饥，一顿美餐后，他这几天的饥饿感一扫而光。于是接下来的几天，每当他饿了之后就自己煮鱼吃，终于有一天上帝给他的鱼被全部吃完了，他再没有别的东西可吃，最后还是被活活饿死。另一个人拿了鱼竿之后决定到海边去钓鱼，等他千辛万苦到达海边的时候，已是出气多进气少，再也没有一丝力气去钓鱼，最终也饿死在了海边。

上帝叹了口气，决定再给他们一次机会，于是这两个人又拿到了一根鱼竿和一篓活鱼。这次两个人没有各奔东西，而是商量合作，一起到海边去钓鱼。两个人踏上了寻找大海的征程，每次饿了的时候就煮一条鱼充饥。经过长途跋涉，他们终于到达了海边，钓了很多鱼。两个人也定居在了海边，以打渔为生。之后他们有了各自的家庭，过上了幸福的生活。

很浅显的故事，蕴含的道理也很明白：个人主义要不得，只有相互协作才能生存发展。人力资源专家指出："年轻人在职场中自觉或不自觉表现出来的自负轻狂，使他们很难融入团队之中，在团队中的工作也举步维艰。他们缺乏团队意识，自己的项目只自己做，不愿和同事一起，最后每个人的结果都一样，对公司没有任何用。"

公司需要的不是个人的成功，团队的成功才是最大的成功。个人主义在职场上不受欢迎，作为职场中的一个分子，只有培养团队合作精神才可能获得成功。

具有团队意识

衡量一个人是否有发展前景，到底看什么？是看这个人的理念有多么先进，还是看这个人个人能力到底有多强？……

这些都不是决定因素。决定因素实际就是企业员工是否具有团队意识，是否具有在团队中不断提升自己的愿望。

爱默生说："没有任何一名船员，会因为个人划得特别卖力而受到赞美。"企业这艘巨大的舰船，要乘风破浪，要避开暗礁急流，必须全体船员有齐心协力的团队精神。同样，员工也只有拥有了团队意识，才能在自己的工作岗位上最大效益地发挥着各自的聪明才智。

微软公司在美国以特殊的团队精神著称。像windows2000这样产品的研发，微软公司有超过3000名开发工程师和测试人员参与，写出了5000万行代码。没有高度统一的团队意识，没有全部参与者的默契与分工合作，这项工程是根本不可能完成的。完全超越了自我的团体意识，已在微软公司落地生根。微软人认为，他们不属于自己，而是从属于微软这个团体。

这种团体意识，绝非微软公司所独有。类似于这种把个人归属于集体的团体意识，也是其他公司都在刻意追求和培养的。在日本企业界，无论是像"松下"、"丰田"这些有名的大企业，还是一些小型作坊式的小企业，都在倡导一种团队意识，并用在其企业经营上。这种意识，使员工们工作热情更高、工作体验更深，从而也使他们的工作更具价值。

作为公司的一员，你只有凭借团队的力量，才能把自己不能完成的棘手问题解决好。一位管理专家指出：现代年轻人在职场中普遍表现出的自负和自傲，使他们在融入工作方面显得缓慢和困难。这是因为他们缺乏团队精神，项目都是自己做，不愿意和同事一起想办法，每个人都会做出不同的结果，最后对公司一点用都没有，而那些人也不可能做出成绩来。

没有“团队精神”的企业，一切美好的想法和愿望都将成为“零”；没有团队意识的员工，无论学识有多高、技术有多精，都将不会朝着对公司有利的方向发展，一切才华、学识对于这个企业来讲或许就是零。强调“团队意识”的重要，并非否定个人技术和知识的重要。但是必须要清楚地认识到，技术再高、知识再多，如果十个人十个心，你做你的我想我的，才能不去发挥，知识不去运用，只练不做，这就是等于零。只有具备“团队意识”的人，才会形成有一种无形的向心力、凝聚力和塑造力。即便技术暂时过低，知识暂时过少，但是只要他心和其他员工往一起想，劲往一块使，有困难就可以靠集体的力量克服，没有的东西也就会创造出来，缺少的东西也会心甘情愿地去补上，这样的人就会不断地创造出自己的成绩。

那么，应该怎样把自己培养成一个有团队意识的人呢？

——培养团队成员相互之间的依赖感和互相关心的意识

很多人朝九晚五地工作，大部分的时间和同事在一起，如果和团队成员之间的关系非常默契，并且大家互相之间非常关心的活，大家就不仅仅是一种同事关系，而是有更多的感情在里面，就是朋友关系。

——营造相互信任的组织氛围

相互信任的氛围会对组织中每个成员产生良好的影响，尤其会增加员工对公司的情感认可。从情感上相互信任，是一个组织最坚实的合作基础。而给别人一种安全感，你才有更好的个人发展的舞台。

——增进团队成员的归属感和认同感

只有大家都树立一种很强的对整个团队的认同感，觉得我们是一种整体，才能对这个团队负责，并且不管是言行还是工作准则，都要为团队的整体效益来考虑。

培养团队合作能力

随着知识型员工的增多，以及工作内容中智力成分的增加，越来越多的工作需要团队合作来完成。

传统的组织管理模式和团队协作模式最大的区别在于，团队更加强调团队中个人的创造性发挥，以及团队整体的协同工作。

没有完美的个人，只有完美的团队。如何协调个人成长与团队成长的关系，使团队能够相互作用、共同发展是一个值得讨论的话题。

团队协作模式对个人的素质有较高的要求，成员除了应具备优秀的专业知识以外，还应该有优秀的团队合作能力，这种合作能力，有时甚至比成员的专业知识更加重要。

作为团队中的一员，你应该从哪几个方面来培养自己的团队合作能力呢？

——寻找团队积极的品质

在一个团队中，每个成员的优缺点都不尽相同。你应该主动去寻找团队成员中积极的品质，学习它，并克服你自己的缺点和消极品质，让它在团队合作中被弱化甚至被消灭。

团队强调的是协同工作，一般没有命令和指示，所以团队的工作气氛很重要，它直接影响团队的工作效率。

如果团队的每位成员，都主动去寻找其他成员的积极品质，那么团队的协作就会变得很顺畅，工作效率就会提高。

——对别人寄予希望

每个人都有被别人重视的需要，那些具有创造性思维的知识型员工，更是如此。有时一句小小的鼓励和赞许，就可以使他释放出无限的工作热情。

——时常检查自己的缺点

你应该时常检查一下自己的缺点，比如，还是不是很冷漠？言辞还是不是那么锋利？在单兵作战时，这些缺点可能还可以被忍受，但在团队合作中，它会成为你进一步成长的障碍。

团队工作需要成员在一起不断地讨论，如果你固执己见，无法听取他人的意见，或无法和他人达成一致，团队的工作就无法进行下去。

团队的效率在于配合的默契，如果达不成这种默契，团队合作就不可能成功。

如果你意识到了自己的缺点，不妨就在某次讨论中，将它坦诚地讲出来，承认自己的缺点，让大家共同帮助你改进，这是最有效的方法。

当然，当众承认自己的缺点可能会让你感到比较尴尬，但你不必担心别人的嘲笑，因为一般人只会给你理解和帮助。

——让大家喜欢你

你的工作需要得到大家的支持和认可，而不是反对，所以你必须让大家喜欢你。但一个人又如何让别人来喜欢你呢？

除了和大家一起工作外，你还应该尽量和大家一起去参加各种活动，或者礼貌地关心一下大家的生活。

总之，你要使大家觉得，你不仅是他们的好同事，还是他们的好朋友。

——保持足够的谦虚

任何人都不喜欢骄傲自大的人，这种人在团队合作中也不会被大家认可。你可能会觉得自己在某个方面比其他人强，但你更应该将自己的注意力放在他人的强项上，只有这样，你才能看到自己的肤浅和无知。

因为团队中的任何一位成员，都可能是某个领域的专家，所以你必须保持足够的谦虚。谦虚会让你看到自己的短处，这种压力会促使你在团队中不断地进步。

老板不说但你要做到的事

第十章

执行重于一切

积极主动地执行

每一个行业的领导人物都认为一流人才非常欠缺，据可靠材料，社会上仍有许多高级职位在等你。有一个管理者曾说，资历很好的人实在很多，但都缺乏一个非常重要的成功因素——执行能力。

每一项工作——不论是经营事业、高级推销或科学、军事、政府机关工作——都需要脚踏实地的人来执行。主管在聘用重要职位的人才时，都会先考虑下面这些问题，然后才决定是否聘用。这些问题包括："他愿不愿意做？""他会不会坚持到底把事情做完？""他能不能独当一面，自己设法解决困难？""他是不是有始无终，光说不做的那一种人？"

这些问题都有一个共同的目的，就是设法了解那个人能不能够切实执行到位。

再好的新构想也会有缺陷，即使是普通计划，如果切实执行并且坚持到底，都比半途而废的优秀计划要好得多；因为前者会贯彻始终，后者则前功尽弃。

如果你一直在想而不去做的话，根本成就不了任何事。请你想想看，世界上的每一件东西，从人造卫星到摩天大楼以至婴儿食品都是一个想法付诸实施所得的结果。

当你研究"人"（包括成功人士、平庸之辈）时，会发现他们分别属于两种类型。成功的人都很主动，我们叫他"积极主动的人"；那些庸庸碌碌的普通人都很被动，我们叫他"被动的人"。

仔细研究这两种人的行为，可以找出一个普遍原理：积极主动的人都是不断做事的人。他认真的去做，直到完成为止。被动的人都是不做事的人，他会找借口拖延，直到最后他证明这件事“不应该做”、“没有能力去做”或“已经来不及了”为止。

积极主动的人与被动的人之间的差别，从小地方就看得出来。积极主动的人计划好一个假期，就真的会去度假；而被动的人也计划好一个假期，却拖延到明年再打算。积极主动的人认为应定期参加社会活动，结果他真的做了；被动的人也认为该多参加社会活动，但他会找出各种办法来拖延。积极主动的人认为应该写一封信给一个人来恭贺他的成就，他真的写好并立刻交寄；被动的人却找了一个理由来拖延，结果一直没有写。

他们之间的差异也会在大事上表现出来。积极主动的人想要自己创业，结果他说做就做；被动的人也想创业，但他总是在最后关头发现“为什么不该做”的“好”理由。积极主动的人已经四十岁了，他很想换一个新工作，结果他真的去做；被动的人也一样，但他一直犹豫不决，以至于什么事也没有做成。

他们的差异也会在各种行为上表现出来。积极主动的人想做就做，因而获得自信、安全感、独立自主以及更多的收入；被动的人想做不做，因而永远度日如年。

积极主动的人会成就许多事情；被动的人很想做事但不会真的去做。所以我们都要学会拒绝借口，不断去完善自己的执行能力，把想法落实到“做”上。执行力是一个员工职业精神的表现，无论在什么样的工作岗位、做什么事情，都需要去做、去执行，积极主动地执行是对自己的工作高度负责的体现。

不找借口地执行

在一支部队或者一个团队中，战士或员工对上级交给的任务必须坚决有力去执行。接受任务就代表着你对上司作出了承诺，你必须全力以赴去实现自己的承诺。这是一种十分重要的思想，它体现出一个人对自己的职责和使命的看法，反映出他的工作态度。思想决定态度，态度决定行动，一个坚决执行的员工，肯定是一个很优秀的员工。

爱看橄榄球比赛的朋友都知道锋士·隆巴第，他是美国橄榄球史上最伟大的教练之一。在锋士·隆巴第的带领下，绿湾橄榄球队成了美国史上最出色的球队之一，这个球队创造出了很多让人大为惊讶的成绩。或许锋士·隆巴第下面的言论，会让我们对他们为什么会有如此杰出的表现有所了解，同时也会让我们对执行力有更深刻的理解。

锋士·隆巴第对他的球员们说："胜利是我唯一的要求。如果目标不是非胜不可，那么你们的比赛也就没有任何意义。不论打球、工作，还是思想或其他，一切的一切，都应该'非胜不可'。"

"如果你打算跟我，"他坚定地说，"你能想的只有三件事：你自己、你的家庭和球队，并且只能按照这个先后次序想。""比赛就是要不顾一切。你必须不顾一切拼命地向前冲，不用理会任何事、任何人，越接近得分线，你越要不顾一切。没有什么东西可以阻挡你，就算有战车或者一堵墙挡在你面前，就算对方11个人全部拦在你面前，也阻挡不了你，你要冲过得分线！"

正是这种顽强意志和坚定信念赋予了绿湾橄榄球队的队员们坚决的执行力。他们在比赛时脑海中除了胜利还是胜利。在他们看来，胜利就是一切，为了胜利，他们勇往直前，锲而不舍，没有抱怨，不找借口，无所畏惧，绝不退缩，他们是所有雇员的榜样。

在巴顿将军的战争回忆录《我所知道的战争》中，他记下了这样一件事：“我打算提拔人时，经常是把所有的候选人都集合在一起，交给他们一个我想要他们完成的任务。我告诉他们我想要在库房后面挖一条壕沟，8英尺长，3英尺宽，6英寸深。说完之后我就一个人走了，没有解释。在候选人们检查工具的时候，我悄悄走进仓库通过窗户观察他们每个人。我看到有的人已经把锹和镐都挑好放到了仓库的一边。他们休息了一会儿后开始讨论我要他们这么做的原因。因为这样的战壕太浅，有的说这么浅还不够当火炮掩体，有人说这样的战壕太热或太冷。我想如果他们是军官的话，估计还会抱怨我不该让他们做这种应该由普通士兵干的体力劳动。最后，有个士兵说道：‘我们赶快挖好战壕离开这里。随便那个老畜牲想用战壕做什么都与我们没关系。’”

巴顿最后写到：“那个士兵得到了提拔。因为我要的是没有任何借口而坚决执行的人。”

无论什么类型的工作需要的都是这种不找借口坚决执行的人。我们无论在生活中还是工作中，不管做什么事情，都应该记住自己的责任，都应该记住一切都需要坚决有力的执行，执行重于一切。

行动让你更卓越

工作的事情有难和易的区别吗？其实是没有的，你去做了，那么即使再难的事情也很容易。不去做，再易的事情也会很难。

有的员工觉得自己天资平平，赶不上别人聪明；有的员工觉得自己碌碌无为，不及别人有能力。但是只要你努力学习，长久坚持，毫不懈怠，你就能成为公司里的不可多得的人才。

蜀地的边境有两个和尚，一个贫穷，一个富有。贫穷的对富有的说："我想到南海去，怎么样？"富有的和尚说："你靠什么去呢？"贫者的和尚回答说："我只要一个瓶，一个碗就足够了。"富有的说："我好多年来都想攒钱乘船而下，还没有成行，你靠什么去呀！"

到了第二年，贫穷的和尚从南海乘船回来了，把他的情况告诉了富有的和尚，富有的和尚感到很惭愧。西蜀距离南海，不知道有几千里远，两个和尚，富有的不能到，而贫穷的却到了。

在公司里工作，作为员工，要有自己的志向，自认为聪明而有才能的员工，如果不去工作，也不会做出什么业绩，而那些虽然天资平平，但却懂得立即行动，努力工作的员工，迟早会做出惊人的业绩。

《新约·马太福音》中有这样一个故事，一个国王交给三个仆人每人一锭银子，吩咐他们去做生意。第一个仆人用一锭银子赚了10锭，于是国王奖励了他10座城邑；第二个仆人赚了5锭，于是国王便奖励了他5座城邑；第三个仆人把那锭银子一直包在手巾里保存得好好的。于是国王命令将第三个仆人的一锭银子也赏给第一个仆人，并且说："凡是少的，就连他所有的，也要夺过来。凡是多的，还要给他，叫他多多益善。"

这就是著名的马太效应，它反映了当今社会中存在的一个普遍现象。埋没钱财，就是浪费，如第三个仆人的作为；不行动，也就是对自己最大的浪费。一个著名的科学家只会越来越著名；一个社会关系好的人，他的社会关系只会越来越好；一个行动能力强的人，其行动能力只会越来越强——他们都是如此“走运”，因为，他们时刻都在行动。行动会带给你许多好处。

不断行动帮助你思考，提供给你信息。行动使你接触更多的工作机会，积累丰富的工作经验。这样，行动会使你思考得更全面深入，远胜于静坐在那里权衡各种理论因素。甚至就是最终表明方向相悖的行动也会给你提供有用的信息。

不断行动可以提高你的自尊。在大多数情况下，很多员工拖延工作不行动，不仅仅是因为优柔寡断，而且是因为有所畏惧。但是，每次当你要做某件令你畏惧的事情并且又大胆地去做了以后，你的自尊就会有所提高。因为每次当你勇敢地克服了畏惧，你都会感到自己是一个优秀的员工。你可以切实地体验到那种工作带来的令人陶醉的感觉。

工作上的事情，只要不断努力去做，就能取得一定的成果。但如果停下来不做，那就会和画饼充饥一样，永远也达不到目的。这是个浅显简单的道理，但我们却常常忘了它，所以我们在工作中常常会有功亏一篑的遗憾。

永远是你采取了多少行动让你更优秀，而不是你知道多少或你等待了多长时间，这些对你的发展毫无意义，因为它们还没有被转化为行动。不管你现在决定做什么工作，也不管你制定了多少目标，你一定要行动。

马上行动，不断行动，这是一切工作得以圆满完成的保证。

巴恩斯是一位很能做事，但却没有什么资源的人。他决定要和当代一位最伟大的智者爱迪生合作。但是当他来到爱迪生的办公室时，他不修边幅的仪表，惹得职员们一阵嘲笑，尤其当他表明想成为爱迪生的合伙人时，大家笑得更厉害了。

爱迪生从来就没有什么合伙人，但巴恩斯的坚持为他赢得了面试的机会，并在爱迪生那儿得到一份打杂的工作。

爱迪生对他的行动力有着深刻印象，但这还不足以使爱迪生接受他成为合伙人。巴恩斯在爱迪生那儿做了数年的设备清洁和修理工，直到有一天他听到爱迪生的销售人员，在嘲笑一件最新的发明品——口授留声机。

他们认为这个东西一定卖不出去：为什么不用秘书而要用机器？这时巴恩斯却站出来说道："我可以把它卖出去！"从此他便得到这份销售的工作。

巴恩斯用他辛苦赚取的薪水，花了一个月时间跑遍整个纽约城。一个月之后他卖出了7部机器。当他抱着满腹的全美销售计划回到爱迪生的办公室时，爱迪生便接受他成为口授留声机的合伙人，这也是爱迪生惟一的合伙人。

爱迪生有数千位员工为他工作，为什么唯独巴恩斯成了爱迪生的合伙人呢？原因就在于巴恩斯愿意并且能够立即行动，把自己的想法付诸实施。同时巴恩斯完成任务的过程中，也没有要求过多的经费和高薪。

巴恩斯所做的事情已超过他作为杂工的薪水程度，他是爱迪生所有员工中惟一有这种表现的人，也是惟一从这种表现中获得利益的人，所以，他成了爱迪生的惟一合伙人，并借此达到了自己事业的颠峰。

"坐而言不如起而行"赶快启动你的机器，马上行动，不断行动，开始走向卓越的航程。只有不断行动、持之以恒，才可将理想与现实画上等号。萤火虫要在飞行中才能发光，而工作就是要靠行动才能展现出人的价值与活力。

公司里没有太多的机会和等待。你要做出决定，不断行动！不断行动才会产生结果。任何伟大的事业，最终必然要落到行动上。只要一步步去做，你将会惊喜地发现，工作中充满了生机和希望。

第十一章

找对方法做对事

制定切实可行的目标

每个人都有无限的潜能和无尽的机会去奋斗，从而拥有一个美丽的未来，只要你愿意为自己设定一个明确的目标。而这也是你职业生涯规划中一个很重要的部分，但是应该如何确立自己的目标？你确立的目标又是否正确？

先谈一下如何制定目标。你首先找一个觉得特别舒服的地方，比如：你特别喜欢的一张写字台，或一张能照射到和煦阳光的桌子，准备花一个小时去研究你希望去做、去享受、去创造的东西。这可能是你工作以来最有价值的一个小时，你将在这一小时中学习怎样树立目标，确定你希望的结果是什么。你将勾勒出你所希望的职场之路，你将明确你要去的地方，并且找到到达那儿的途径。

你在确定目标时，可以遵循以下5条准则：

——目标要清晰、细致。目标越细致，就越清楚自己要什么，为什么要，以及实现目标时要选择什么，于是如何做的方法就会从你脑海中喷涌而出。

——尽可能具体。你的目标看上去如何？听上去如何？感觉上如何？用你所有的感觉来描述你希望的目标。你在感觉上的描述越丰富，就越能使你的大脑有力量创造出你所希望的东西。

——要有详细的步骤。你应该知道，当你达到目标时，你会如何看，如何感觉。你应该了解迈向总目标要经过哪些步骤，哪些过程，每一步怎么走，大脑中对你即将留下的每个脚印都要有清晰的图像。

——要把握你的目标。你必须自己迈出走向目标的第一步，并且控制住自己，向着你的目标前进。

——保证你的目标是有价值的，不会损害别人的利益。预测一下你的实际目标达到后会产生的后果。你的目标必须对自己和他人都有利。

当你决定了一个目标后，要正式列出你的目标计划之前，你最好让这个目标经历以下7个步骤的测试，如此一来可节省你很多的宝贵光阴，且避免失败。

——目标要实际。确定你真正想做的事，以及达成的方法，有规范的用文字或图像表达出来并将它具体写下来，以此理清目标，激发自己全心投入。

——列出你和目标之间的障碍。当你写下目标，并全力以赴去追求成果时，“障碍”突然出现，该怎么办？“事前预防，胜于事后治疗”，为了要讲求高效益，并且避免受到挫折，你需要“客观、仔细、冷静、理性”地评估可能产生什么样的“成本、风险和障碍”。假如事先能做好一点，相信只要一分钟的时间，就足以推翻这个方向错误的“目标”，当评估结果说“不”，我们就该放弃，退回原点，或改变步调。

——请教专家或顾问。向专家、顾问请教他们成功的经验、方法，并请他们给你一些意见。

——想一想有哪些资源。你的资源包括你的才华、嗜好、时间、财富、环境，最重要的是你所认识，并可能愿意助你一臂之力的人。

——列出你需要的知识和技能。达成目标，拥有什么样的技术？我拥有了哪些“专业知识”和“专长”？

——延伸一个行动计划。光有梦想和伟大的目标是不够的，你要“运筹帷幄”，延伸出如何实现目标的“策略、战术、程序和方法”的详细计划，才能“依计行事”，完成目标。

——为完成目标设定时间表。一个没有期限的目标，效果是非常有限的。在你所写的各项目标中，一定要写下完成的时间，安排好优先顺序，排出你认为最重要的目标，每一类别选出一个；以便集中全力去实现最重要、最迫切的目标。

对于目标还应该注意以下几个问题：

首先，奋斗目标有高有低，专业面有宽有窄。在目标选择中是宽一点好，还是窄一点好呢？一般来说，专业面越窄，所需的力量相对较少。也就是说，用相同的力量对不同的工作对象，专业面越窄的，其作用越大，其成功的几率越高。所以，职业生涯目标的专业面不要过宽，最好是选一个窄一点的题目，把全部身心力量投放进去，较易取得成功。如果专业面需要放宽，起码在开始的时候，要把专业面或主攻点定得较窄些。待突破了一点，积累了经验，学到了知识，再扩大专业面，这样更容易成功。

另外，长短配合要恰当。生涯目标是长期的好呢，还是短期的好？简单地说，应该是长短结合。长期目标为人生指明了方向，可鼓舞斗志，防止短期行为。短期目标是实现长期目标的保证，没有短期目标，也就不会有长期目标。特别是在职业生涯发展过程中，通过短期目标的实现，能体验到达成目标的那种成就感和自豪感，鼓舞自己为了取得更大的成就而向更高的目标迈进。

第三，同一时期目标不宜过多。就事业目标而论，同一时期目标不宜过多，而应该集中为一个。目标是追求的对象，你见过同时追逐5只兔子的猎手吗？别说5只，就是两只也追不过来，因为那几乎是不可能的事。有的人才高气盛，自认为高人一筹，同时设下几个目标。那样的话，可能的结果就是一只兔子也打不着，一个目标也实现不了。人生目标的追求，也好比人坐凳子一样，一个人同时想坐几个凳子，一会儿坐坐这个，一会儿坐坐那个，换来换去，一不小心，可能会从凳子中间掉下去，其结果也是哪个凳子都没坐稳，哪个目标也没实现。由此可见，要实现人生目标，成就一番事业，须把目标集中在一个点上。

这不是说你不能设立多个目标，而是你可以把它们分开设置。具体说，就是一个时期一个目标，拉开时间差距，实现一个目标后，再实现另一个目标。

第四，目标要明确具体。目标就像射击的靶子一样，清清楚楚地摆在那里。干什么，到什么程度，都要有明确具体的要求。比如，从事某一专业，到哪年，学习哪些知识，达到什么程度，都要明确、具体地确定下来。

如果目标含糊不清，就起不到目标的作用。如有人打算决心干一番事业，具体干什么，不知道，这就等于没有目标。自以为有目标，而没有明确的目标，不仅起不到目标的作用，还可能造成假像。投入了时间、精力和资金，却起不到“攻击”目标的作用，10年过去了还是一事无成。

第五，生涯目标要留有余地，也就是说，在实现目标的安排上，不要过急、过满或过死。如果过急，比如需要5年才能达到的目标，订为3年或两年，就会“欲速则不达”，不是计划落空，就是影响工作质量。如果安排过满，在同一时间里既要做这个，又要做那个，结果会顾此失彼，或造成心理紧张，劳累过度，而无法坚持。如果安排过死，如规定某一时间只能做某事，到时如果遇到某些干扰，无法完成，又没有补做的时间，必然会落空。

要留有余地，就是要留有机动的时间，即便发生某些意外，也有时间和精力机动处理。实现目标的时间安排要从实际情况出发，不慌不忙，不急不躁。在工作的安排上不要刻板，要灵活机动。在要求不变的情况下，完成时间和做法可以调剂变换。

做事讲次序，工作有条理

做事没有次序、缺乏条理的人，总容易因工作方法失当蒙受损失。他们不知怎样有效地处理业务；对于自己的工作，他们不知道怎样合理安排；做起事来，也是有的地方不及有的地方却过之，结果什么东西都纷乱不堪，这样结果必然会失败。

做事没有条理，同时又想做大事的人，总会感觉人手不够。他们认为，只有雇佣更多的人，事情才可以办好。其实，他们所缺少的不是更多的人，而是使工作更有条理、更有效率的方法。由于他们办事不得当、工作没计划、缺乏条理性，因而浪费了大量职员的精力和体力，但最终还是达不到自己的目标。

没有条理、做事没有次序的人，永远也无法取得职场的成功；而有条理、有次序的人即使才能平庸，也能在工作中取得相当的成就。

你一定认识这样的人，不管你在什么时候遇见他，他都很匆忙。如果要同他谈话，他只能拿出很少的时间，时间长一点，他便要拿出表来看了再看，暗示着他的时间很紧。他公司的业务做得虽然很大，但是花费更大。究其原因，主要是他在工作安排上毫无次序。结果，他的工作总是一团糟，他的办公桌简直就是一个垃圾堆。他经常很忙碌，从来没有时间来整理自己的东西，即便有时间，他也不知道怎样去整理、安放。

这样的人工作没有条理，更不知如何恰到好处地进行人员管理。他只知道一味督促员工，却只是催促员工做得快些，而不是让员工工作更有条理。因此，公司职员们的工作也都混乱不堪、毫无次序。职员们做起事来很随意，有人在旁催促便好像很认真地做，没有人在旁催促便敷衍了事。

而一个会工作的人恰恰与他相反。他从来不显出忙碌的样子，做事非常从容，总是很平静安稳。他人不论有什么难事和他商谈，他总是彬彬有礼。在他的公司里，所有职员都寂静无声地埋头苦干，各种东西摆放得有条不紊，各种事务安排得恰倒好处。

他并不拥有比别人更多的时间，他成功的秘密就在于把工作整理得井井有条。所以，尽管他的经营规模是别人的几倍，但从表面上总看不出他忙碌的样子来。结果自然是他那富有条理、讲求秩序的作风影响到他公司的所有。于是他的每一个职员，做起事来也都极有秩序，绝无杂乱之象。

从这个角度来看，做事找对方法、有条理、有秩序的人时间会很充足，他的事业也必能依照预定的计划去进行，相信成功对于这样的人来说已是近在咫尺了。

先做好最重要的事

曾有一位杰出的时间管理专家做了这么一个试验：这位专家拿出一个大大的广口瓶放在桌上。随后，他取出一堆拳头大小的石块，把它们一块块地放进瓶子里，直到石块高出瓶口再也放不下为止。他问："瓶子满了吗？"

所有的学生应道："满了。"

他反问："真的？"说着他从桌下取出一桶砾石，倒了一些进去，并敲击玻璃壁使砾石填满石块间的间隙。

"现在瓶子满了吗？"

这一次学生有些明白了，“可能还没有。”一位学生低声应道。

他伸手从桌下又拿出一桶沙子，把它慢慢倒进玻璃瓶。沙子填满了石块的所有间隙。他又一次问学生：“瓶子满了吗？”

“没满！”学生们大声说。

然后专家拿过一壶水倒进玻璃瓶，直到水面与瓶口齐平。他望着学生，“这个例子说明了什么？”

一个学生举手发言：“它告诉我们：无论你的时间表多么紧凑，如果你真的再加把劲，你还可以干更多的事！”

“不，那还不是它真正的寓意所在。”专家说，“这个例子告诉我们，如果你不先把大石块放进瓶子里，那么你就再也无法把它们放进去了”。

人们总是根据事情的紧迫感，而不是按事情的优先程度来安排先后顺序，这样的做法是被动而非主动的，高效率的员工不能这样工作。

时间管理的精髓在于：分清轻重缓急，安排优先顺序。

高效率人士都是以分清主次的办法来统筹时间，把时间花在最有价值的事情上。

美国伯利恒钢铁公司总裁查理斯·舒瓦普向效率专家艾维·利请教“如何更好地执行计划”的方法。艾维·利声称可以在10分钟内就给舒瓦普一样东西，这东西能把他公司的业绩提高50%，然后他递给舒瓦普一张空白纸，说：“请在这张纸上写下你明天要做的6件最重要的事。”

舒瓦普用了5分钟写完。

艾维·利接着说：“现在用数字标明每件事情对于你和你的公司的重要性次序。”

这又花了5分钟。

艾维·利说：“好了，把这张纸放进口袋，明天早上第一件事是把纸条拿出来，做第一项最重要的。不要看其他的，只是第一项。着手办第一件事，直至完成为止。然后用同样的方法对待第2项、第3项……直到你下班为止。如果只做完第二件事，那不要紧，你总是在做最重要的事情。”

艾维·利最后说：“每一天都要这样做——您刚才看见了，只用10分钟时间——您对这种方法的价值深信不疑之后，叫你公司的人也这样干。这个试验你爱做多久就做多久，然后给我寄支票来，你认为值多少就给我多少。”

一个月之后，舒瓦普给艾维·利寄去一张2.5万美元的支票，还有一封信。信上说，那是他一生中最有价值的一课。

5年之后，这个当年不为人知的小钢铁厂一跃成为世界上最大的独立钢铁厂，艾维·利提出的方法功不可没。

每天面对大大小小、纷繁复杂的事情，如何分清主次，把时间用在最有生产力的地方，有三个判断标准：

——我必须做什么

这有两层意思：是否必须做，是否必须由我做。但并非一定要你亲自做的事情，可以委派别人去做，自己只负责督促。

——什么能给我最高回报

应该用80%的时间做能带来最高回报的事情，而用20%的时间做其他事情。所谓“最高回报”的事情，即是符合“目标要求”或自己会比别人做得更高效的事情。最高回报的地方，也就是最有生产力的地方。这要求我们必须辩证地看待“勤奋”。在快节奏高效率的信息时代，勤要勤在点子上，这就是当今时代“勤”的特点。勤奋已经不是时间长的代名词，勤奋是在最少的时间内完成最多的目标。

——什么能给我最大的满足感

最高回报的事情，并非都能带给自己最大的满足感，均衡才会满足。因此，无论你地位如何，总需要分配时间于令人满足和快乐的事情。惟如此，工作才是有趣的，并易于保持工作的热情。

通过以上“三层过滤”，事情的轻重缓急就很清楚了。然后，按重要性优先排序，并坚持依照这个原则去做，你将会发现再没有其他办法比按重要性办事更能有效利用时间了。

把做完的事情系统化

厦门航空公司曾经发生过一起飞行事故，飞机升空后起落架无法收回。问题处理过后，厦门航空公司写下了第一张SOP（标准作业规范），其中还提到了不要忘记起落架上面的插销，因为那次事故就是插销没有拔的缘故。飞机机身有任何地方在维修，都要系上一条红丝带。另外插销要怎么拔，拔了以后要后退几步，手要怎么举起，飞行员怎么看到，大家怎么打手势等等都有十分详细的标准。再出现任何问题就可以查阅SOP，找出问题的所在。

不管我们把一件事情做得怎么样，是成功还是失败，都能从中学到东西。一个懂得学习的人会进行认真总结，一个杰出的企业会把做完的事系统化。

以写说明书为例。微软的说明书都非常厚，因为它在实践中不断总结经验。而国内企业生产的即使是同样产品，说明书就只是一个很小的册子。

我们总觉得这么简单的东西哪里需要写得那么详细，这简直就是在浪费时间。其实要在一片没有路的土地上开辟出一条路是需要时间的，如果我们把自己走过的路进行归纳和总结，可以让他人沿着自己开辟的路走过去，就能给他人节省很多时间。如果每个人都想自己开一条路，不管是羊肠小道，还是崎岖山路，只要自己觉得能过去就行了，哪管后人，那我们的社会永远不会进步。

我们都知道消防队员行动特别迅速，如果像我们一样慢吞吞，一幢房子早烧光了。可是你有所不知，在消防队里，每个消防队员所有的工具都需严谨合理地放置，甚至连消防队员的衣物怎么穿，怎么脱，如何摆放，也都有十分明确的规范。否则，警报响起来，靴子找不到鞋带，裤子不见了皮带，怎么办？这都是消防员在工作中一点一点摸索出来的，他们把自己的所有经验形成了一个高效快速的反应系统。

出于这样一种认识，我们每个人都应该把做完的事系统化，在建立个人的工作系统之前，要坚持三个原则：第一要规范，第二要认真，第三要研究。只有每一件小事都以认真的态度、规范的方法去研究它，做好它，把它形成系统，才有可能做出大事业来。

把每一件做过的事都形成系统化，不是一件容易的事，不是一朝一夕的事，需要长久的坚持。一个月不行三个月，三个月不行就用更长时间，慢慢地就形成了一种习惯。习惯了，不做反而会感觉少了点什么，这样就成了自然而然的习惯。

老板不说但你要做到的事

第十二章

用对时间做好事

管理好自己的时间

每个人所拥有的时间一天都是二十四小时，如何在这二十四小时内发挥最大的功用，就需要时间管理。

时间管理最重要的，是每一刻钟都要有计划。不要让时间出现空度期，也不要凌乱。譬如说，明天要做哪些事情，今天就应该计划好，不要等明天到了才仓促地想起时间安排。你应该把一整天的时间都排满，什么时候跟人见面，什么时候工作，什么时候休息，在心里都要井井有条。这样时间才能最充分地利用起来，才会有最高的效率。

时间是不会等人的。如果今天不安排这些事，你的一天也会照样过去，一事无成，没有任何成就。

一个人的时间管理是决定其成功的关键因素。时间管理有很多方法，譬如说，要善于审思。每天晚上临睡前想一下：今天做了哪些事情？明天又要做哪些事情？今天本来要做的事情为什么没有完成？是什么原因……这样不停地反思，就能让时间安排得更加有效率。譬如说，随身带个本子，在本子上记下一天要做的事情，随时提醒自己时间上的安排。人有时候会记性不好，用笔记下了，随时检查提醒自己，不断地把时间利用起来。

把一天中或最近要做的事情，列一个TO Do List——待办事情清单，完成一个就删掉一个。

——了解你自己的生活规律

每个人的生物钟是不一样的，在一天当中的黄金时间也不一样。有的人习惯早起，头脑清醒，一早就做重要的事情；有些人习惯晚上夜深人静的时候处理事情；有些人却在中午时分精力旺盛。

所以，你首先要了解自己的生物钟，找到一天当中头脑最清醒是在什么时候，然后把这段最有效率的时间拿来做最重要的事情。

——做时间清单的分析

时间管理的关键是列一张总清单，把当月、这周或今天所要做的事情都列出来，并进行目标切割。

每月初列一遍当月要做的事情；每个星期天把下周要完成的事列出来；每天晚上把第二天要做的事情列好。

你要仔细思考你的时间用到哪里去了。要刻意做一个计算，早上起床后，洗漱多少时间，吃早餐多少时间，上班路上花了多少时间，出去拜访客户花了多少时间，到公司后做事情花了多少时间，开会时间用去多少时间，接电话用去多少时间，真正做自己的事情又花了多少时间……要分析自己的时间，哪些事做了，哪些事还没做，你就会发现浪费了哪些时间。当你找到浪费时间的根源，你才有办法改变。

——定期整理自己的思绪

一段时间后，自己要进行思考：上个礼拜做了什么，昨天做了什么，今天又做了什么。要养成写日记的习惯，回顾自己做了哪些事情，还有哪些事情未做。

桌上的文件该处理的处理，该归档的归档，邮箱里的邮件该回的回，该删的删。一定要有个短期的总结，并且思考一下到底哪几件事情自己做得最有效率，列下来，再进行时间分配。

不管是你的学习时间，还是休闲时间，每一天都要有一个合理的安排。

——制定一个24小时作息时间表。

——按作息表生活。

——每天晚上，对照检查。

——当天没有完成的事情，及时制定补救措施。

——逐渐养成习惯。

有效地利用时间

在公司里这样的员工有很多，每日“两眼一睁，忙到熄灯”，可还是有很多事情没有做完，时间对他来说似乎总是不够用。那么问题出在哪里呢？为什么已经把自己搞的这么累了却还是不能按期完工？

关键在于要学会有效利用时间。懂得有效利用时间的人，必然是一个从容淡定，对自己的工作中的问题和困难都能够应付自如的人。

美国麻省理工学院曾对4000位职业经理人做过一项调查，结果显示：这些优秀的经理人有一个共同的工作习惯就是会非常合理地利用时间，让自己每一分一秒都不虚度，努力达到时间的零消耗。

曾听说过一位美国的保险推销员独创了一个“一分钟守则”，他请求客户给他一分钟的时间来介绍自己的工作内容。一分钟到后，他就不会再继续进行，而是感谢对方给予他这宝贵的一分钟时间。由于他严格遵守了自己的“一分钟准则”，客户都对他的诚信感到满意，自然在他一天的时间里，付出和收获总是成正比。“一分钟时间到了，我说完了”，诚信守时，既维护了自己的尊严，又不招致客户的厌烦，还有可能会引起客户对自己产品的兴趣，简直是一举多赢。

同样的，有家公司为了提高会议质量，老板特地买了一个闹钟在开会时使用，限制每个人发言不能超过6分钟。这个小举措不仅提高了开会的效率还让员工更加珍惜每次发言的机会，做到言简意赅，不说废话。

有效利用时间还包括要学会挤时间。一个成功的经理人在介绍自己的经验时说道：“时间是靠挤的，你不去挤就永远不会有。时间很公平，他给予每个人的都是24小时。如何在相同的时间里做出比别人更多的事，是你能否在职场存活的关键所在。如果你能比别人挤出更多的时间来，你就更有可能会成功。”

那么同样在职场里混的你，首先要学会的也是要有效利用时间，并且要善于找出隐藏的时间，争取不浪费生命中的每一分钟。

一个保险公司的职员每天开车外出推销保险时，都会利用每一点空档时间，即便等红绿灯或碰上塞车时也要拿出客户资料看一看，以加深印象。

大卫是一家大型顾问公司的经理，每年都会接到很多案子，常常需要世界各地到处跑，因此有许多时间是在飞机上度过的。他认为与客户保持良好的互动非常重要，所以他常会利用在飞机上的时间给客户们写些问候的短签。一次，大卫在提领行李时遇见一位统计的旅客。那位旅客说：“我在飞机上就注意到你了，整个旅途你一直在写短签，我想你的老板一定会很欣赏你。”大卫只是淡淡笑了一下，回答说：“我只是想利用好我生命中的每一分钟，不想时间白白浪费而已。”

职场中的成功人士都是这种有效利用生命中的每一分钟的人。他们在努力使自己度过的每一分每一秒都具有价值，只有这样的人的工作才会有高效率，也只有他们才会成为老板信任和依赖的人。

把时间用在最需要的地方

1897年，意大利经济学者帕累托在他所从事的经济学研究中，偶然注意到19世纪英国人的财富和收益模式。在调查研究中，可以归纳出这样一个理论：即如果20%的人口享有80%的财富，那么就可以预测，其中10%的人拥有约65%的财富，而50%的财富，是由5%的人所拥有。在这里，重点不仅在于百分比，更在于一项事实：财富在人口的分配中是不平衡的，这是可预测的事实。因此，80/20成了这种不平衡关系的简称，不管结果是不是恰好80/20。

今天人们所采用的80/20法则，是一种量化的实证法，用以计量投入和产出之间可能存在的关系。80/20法则主张：通过一个小的原因、投入和努力，通常可以产生一个大的结果、产出或酬劳。就字面意义来看，这法则是说，你所完成的工作里80%的成果来自于你所付出的20%。如此说来，对所有实际的目标，我们80%的努力——也就是付出的大部分努力，是与成果无关的。这种情况有违一般人的期望。

所以，80/20法则指出，在原因和结果、投入和产出，以及努力和回报之间，本来就是不平衡的。80/20法则为这种不平衡现象提供了一个非常好的指标；典型的模式会显示，80%的产出，来自于20%的投入；80%的结果，归结于20%的起因；80%的成绩，归功于20%的努力。

当我们把80/20法则应用到时间管理上时，就会出现以下情况：

80%的成就，是在20%的时间内达成的。反过来说，剩余的80%时间，只创造了20%的价值。

——我们所做的事中，大部分事是低价值的。

——我们所有的时间里，其中一小部分的时间比其他的大多数时间更有价值。

——若我们想对此采取对策，我们就应该彻底行动。光只是修修补补或只做小幅改善，没什么作用。

——如果我们好好利用20%的时间，将会发现，这20%是用之不竭的。

花一点时间去印证80/20法则，几分钟也好，几小时也行。不必在意百分比数字是否真的是80与20，因为也不太可能准确算出来。只要找出来，在时间的分配与所得的成就这两者之间，是否真的有一个不平衡现象。

你最有效能的20%时间，是不是创造出80%的价值？如果是，那么你就需要来一次时间革命。你不需要重新组织或改变时间分配，你只需改变时间的使用方式，改变你对时间的看法。

首先你应该清楚你的“成就群岛”所在。“成就群岛”指的是经常会有优秀表现的时期，它可能是一星期里的某些天，或一个月里的几天，或是你一生中的某时期。在一张白纸上写下“成就群岛”，然后逐一列举，愈多愈好，最好涵盖你全部的生活。

然后，试着找出“成就群岛”中各项的共同点，你不妨参考一下“十大超值时间运用法”，这是从许多人的经验里归纳总结出的心得，可能会对你有所帮助。

在另一张纸上，列出你的“成就荒岛群”。这些是指最停滞不前、生产力最低的时期，也可以看一看列出的“十大无效时间运用法”。同样的，注意各个成就荒岛有没有共同性。

常常，在做快乐或成就群岛的分析时，可以让人了解自己最擅长的是什么，什么对自己最好，进而花时间从事新的活动，而这些新活动在时间与收获之间的投资回报率，比过去的活动更高。

一旦你知道了是哪些活动带给你80%的成就，你的基本目标就应该是多花时间在这些活动上，可以先从短期目标做起。短期目标是要在一年里，把原来占20%的高价值活动提高为40%，这不难达成。一旦达成短期目标，将会使你的生产力提高60%～80%。这么一来，你借着两份20%的时间，获得两份80%的产出，所以，即使你一开始时放弃了那占80%的活动，因而失去了20%的产出，现在你的整体产出却可以达到100%～160%。

不论是超级忙碌或极端游手好闲的人，都需要进行一场时间管理的革命。原因不是时间太多或太少的问题，而是我们对待时间和认识时间的方式出了问题，对于没有体验过时间革命的人来说，来一场时间革命是最快提高效率的方法。

如果你已抛开了低价值的活动，你的时间就一定会花在高价值的活动上。但是，你要先认清楚哪些是把时间吃掉的低价值事务，以下列出最常见的10项无效的时间运用法，希望你能有所认识。

1. 别人希望你做的事。

2. 老是以同样方式完成的事。

3. 你不擅长的事。

4. 做时无乐趣可言的事。

5. 总是被打断的事。

6. 别人也不感兴趣的事。

7. 如你所料已经花了两倍时间的事。

8. 合作者不可信赖或没有品质保障的事。

9. 可预期进行过程的事。

10. 不加区别地接听每一个电话。

果断地抛开这些事。绝不要被每一个人占用你的时间，最重要的，不因别人开口要求，或接到一通电话或传真就去做某事。该说不时，就说不。

而以下是十大超值时间运用法：

1. 提升生命大目标的事。

2. 你一直想做的事。

3. 在20/80时间对结果的关系之中的事。

4. 能大大节省时间并（或）使品质倍增的创新方法。

5. 别人说你不可能完成的事。

6. 别人已在其他领域进行且获得成功的事。

7. 运用自己创造力的事。

8. 能让别人为你工作而减少你工作量的事。

9. 与超越了80/20模式，以独特方式运用时间的高品质合作者配合的事。

10. 千载难逢、稍纵即逝的事。

当思考任何运用时间的方式是否值得采用时，问自己二个问题：

其一、它是否不因循守旧？

其二、它一定能提升效率吗？

如果这两个问题的答案是肯定的，才可能是好的运用时间的方式。

准时做事，不留遗憾

曾有人问英国著名作家李嘉图·唐耶爵士，在忙碌的生活中，你是怎样设法做完了全部的工作，李嘉图的回答非常简单，这是因为我准时地做每件事，不要等到明天，昨天已过去了，唯一的时间是今天。

时间是一个人最宝贵的财富，因为正是时间一点一滴地累积成人的生命，但时间又是无情的，它不能挽回，不可逆转，不可储存，且永不再生。

假如你想成功，就必须认清时间的价值，认真计划，准时做每一件事，这是每一个人只要肯做就能做到的，也是一个人能够走向成功的必由之路，如果你连时间都管理不好，那么，你也就不要再奢望自己能管理好其它的任何事物，更不要奢望金钱源源而来。

美国著名的思想家本杰明·富兰克林曾做过一段经典的“时间假设”。他说：“假设，一个人一天的工资是10个先令，可是他玩了半天或躺在床上睡了半天觉，他自己觉得他在玩上只花了36个便士而已。错误！他已失去了他本应该得到的5个先令……千万别忘了，就金钱的本质来说，是可以增值的。随着时间的推移，钱能变更多的钱……也就是说，他也许失去了一座英镑之山……”

你怎样理解富兰克林的这段话呢？是无稽之谈？是危言耸听？或看后幡然醒悟？

一个有学问的人曾说：“伟人有两个要素，那就是能力和准时。”前者又往往是后者所结的果实．所以，真正的成功者，极少是不准时的。事事准时者，不仅能增加自身的可信赖感，无形中还增加了自己的时间。

拿破仑曾经说：“我之所以能战胜奥地利人，是由于他们（奥地利人）

不知道5分钟的价值。”

没有什么比准时来得重要，也没有什么比准时更节省你自己和他人的时间。然而有许多人，也许还包括你，却没有意识到这一点，因为不准时，失去了很多赚钱机会。

有一次，在文特毕的再三努力下，一家高科技公司主管终于给了文特毕回音，让文特毕在某天上午的10点钟到他办公室里去，与他面谈公司装修的项目。

但文特毕在那天去见该公司主管时，比约定的时间迟到了20分钟。待他到时，该公司主管已离开办公室，去出席一个会议了。过了几天，文特毕便再去见该主管。该公司主管问他那天为什么失约，文特毕回答道：“呀，怀特先生，那天我在10点20分来的呢！”“但是约定的时间是10点钟啊！”该主管提醒他。

文特毕还不服气，以辩论的语气回答道：“呀！我知道的。但是我以为迟了一二十分钟是无关紧要的。”

该公司主管很严肃地说：“谁说不紧要？你要知道，准时赴约是件极重要的事情。在这件事上，你已经失去了你所向往的那笔业务，因为在当天下午，公司又接洽好另一个人了。我要告诉你，你不能认为我的时间不值钱，以为等一二十分钟是不要紧的。老实告诉你，在那一二十分钟的时间里，我还预约好两件重要的约会呢！”

文特毕的做法很糟糕，因为他浪费时间太多，因为他缺乏准时做事的品德，从而失去了已经落入手中的赚钱机会。

生活好像一盘棋赛，坐在你对面的就是“时间”。而时间抓起来就像金子，抓不住就像流水。时间给丢失者留下的是遗憾，给准时做事的人献上的是众多的成功机遇和数不尽的财富。如果你做不到准时做事，机遇就会从你的手中溜掉，金钱也会消失得无影无踪，你将如文特毕那样在激烈的市场竞争中被淘汰出局，一无所获。如果你说做就做，你就有获胜的可能。

老板不说 但你要做到的事

第十三章

把事情做对，更要把事情做好

超越平庸，追求完美

在公司，也许有很多人都自以为是地认为自己做得已经足够好了，可是，真的如你所想吗？你真的已经做到尽善尽美了吗？你真的已经发挥了自己最大的潜能了吗？

事实上，面对激烈的竞争，你应该不断地超越平庸，追求完美，你需要制定一个高于他人的标准。罗文就在送信给加西亚的时候，为自己设定了一个比他人更高的标准：不推脱、不敷衍、尽全力。这样的人是非常优秀的人，他们不仅忠诚地去做别人要求他们做的，而且会做得出人意料地完美。

兰迪·劳伦斯现在是一家公司的老板，可他以前只是一名普通的推销员。他奋起的源泉是他在一本书上看到的一句话：每个人都拥有超出自己想象十倍以上的力量。在这句话的激励下，他反省自己的工作方式和态度，发现自己错过了许多可以成功的机会。接着，他制订了严格的行动计划，并在每一天的工作中付诸实践。两个月后，他回头看着自己业绩上的变化，发现已经增加了两倍。数年以后，他就成了已经拥有自己公司的董事长。

我们每个人都各有所长，也许你有管理的才能、绘画的天分、写作的禀赋、思维的灵感等。无论你的特点是什么，你都不要把它们藏起来，尽可能地把你的才能挖掘出来并发挥到极致。

如果你是一个渴望得到重用的员工，如果你希望让你的老板觉得你不可取代，就一定要把事情做到最好。

“超越平庸，选择完美”，这是一句值得每个人铭记一生的格言。人类的历史，到处都有由于疏忽、敷衍、偷懒、轻率而造成的可怕惨剧。

很久以前，在宾夕法尼亚的一个小镇里，因为筑堤工人没有照着设计图纸去筑石基，结果堤岸溃决，全镇都被淹没，无数人死于非命。像这种因工作疏忽而引起的悲剧，在我们这片辽阔的土地上，随时都有可能发生。一旦养成了敷衍了事的恶习后，做起事来往往就会不踏实。长此以往，就有可能轻视工作。然而，工作是人们生活的一部分，如果做着粗劣的工作，就会过上粗劣的生活。

许多员工做事不能精益求精，只求差不多。尽管从表面看来，他们也很努力，但结果却总无法令人满意。那些需要很多员工的企业经营者，常常会因员工无法或不愿意专心去做一件事而深感无奈。懒散、冷漠、马虎的做事态度已经成为他们办事的风格，几乎很少人可以做到一丝不苟，如果出现，那也是个奇迹！

你做完一件工作以后，应该这样说："我愿意做这样的工作，并且能够竭尽全力地来做这份工作。所以，我愿意听取别人对我工作上的不足，对我进行批评指正，以尽可能地达到尽善尽美"

成功者无论做什么，都力求达到最佳境地，丝毫不会放松，成功者无论做什么职业，都不会轻率疏忽。而失败者做事只求"过得去"就好。

你工作的质量往往决定了你生活的质量。工作中应该严格要求自己，能做到最好，就不要做到次好；能完成百分之百，就不停留在百分之九十九。不论你的工资是高是低，都应该保持这种良好的工作作风。永远保持积极主动、严谨认真的工作态度，这样一定可以跨越从优秀到卓越的门槛。

第一次就把事情做好

在行为准则的贯彻执行上，“第一次就把事情做好”是一个应该引起足够重视的理念。如果这件事情是有意义的，现在又具备了把它做好的条件，为什么不现在就把它做好呢？每个人只有把事情一步一步地做对了，才可能达到第一次就把事情做好的境界。

“第一次就把事情做好”这个理念也许令人疑惑，怎么可能第一次就把事情做好呢？人又不是神仙，怎么可能不犯错呢？不是允许合理的误差吗？不是允许一定比例的废品吗？

但是从丰田公司的全面质量管理和准时化生产来看，人们会惊奇地发现，原来第一次就把事情做好不仅是可能做到的，而且是一定要做到的。想想看，整条流水线上，每一个零配件生产出来之后马上就被送去组装，因为没有库存，任何一个环节出了质量问题，都会导致全线停产，所以必须百分之百地“第一次”就把事情做好。

实际上，进一步说，“第一次就把事情做好”是一种精益求精的工作态度。许多员工做事不追求精益求精，只求差不多。尽管从表现上看来，他们也很努力、很敬业，但结果却总是无法令人满意。

芝加哥市政厅的一份研究报告披露说，在芝加哥因工作马虎造成的损失，每天至少有100万美元。该城市的一位商人曾对我说，他必须派遣大量的稽查员，去各分公司检查，尽可能地制止各种马虎行为。在许多员工眼里有些事情简直是微不足道，但积少成多，积小成大，一些不值一提的小事都可能会影响他们在老板心目中的形象，影响他们的晋升。

精益求精其实在此就是“第一次就把事情做好”的更进一步要求和延伸。如果每个人都能恪守这一格言，其自身素质不知要提高多少！也不知道要减少多少灾祸！无论做什么事，都能尽善尽美地努力，以求得至美的结果，它不仅能提高工作效率和工作质量，而且能够树立起一种高尚的人格。

这是一句令人心生感触的话，值得每个人终生铭记。

一位管理着上千名员工的经理，以前他不过是一家家具店的学徒。“不要在这件事上浪费时间了，它是毫无价值和意义的，查理。”他的老板常常对他说。而这个学徒一有空闲，就琢磨修理家具，很快地他就熟练地掌握了修理家具的精湛技术。他如此认真仔细，甚至连店主都觉得有些过分。不满足于良好状态，坚持把每一件事都做到最好——成为他的工作习惯，也正是这种良好的习惯将这位年轻人推上一个又一个重要的位置。

当你工作时，应该这样要求自己：能做到最好就不要做到差不多；可以努力达到艺术家的水平，就不要甘心沦为一个平庸的工匠。

做就要做到最好

工作中要认真对待每一件小事，把寻常的事做得不寻常的好。要么不做，要做就做到最好。只有树立这样的高标准，才能使每项工作和每个人有最快最大的进步。

希尔顿饭店的创始人、世界旅馆业之王康·尼·希尔顿就是这样一个人。

康·尼·希尔顿要求他的员工：“大家要牢记，万万不可把我们心里的愁云摆在脸上！无论饭店本身遭到何等的困难，希尔顿服务员脸上的微笑永远是顾客的阳光。”正是这小小的永远的微笑，让希尔顿饭店的身影遍布世界各地。

一家企业的副总凯普曾入住过希尔顿饭店。那天早上刚一打开门，走廊尽头站着的服务员就走过来向凯普先生问好。让凯普先生奇怪的并不是服务员的礼貌举动，而是服务员竟喊出了自己的名字，因为在凯普先生多年的出差生涯中，在其他饭店住宿时从没有服务员能叫出客人的名字。

原来，希尔顿要求楼层服务员要时刻记住自己所服务的每个房间客人的名字，以便提供更细致周到的服务。当凯普坐电梯到一楼的时候，一楼的服务员同样也能够叫出他的名字，这让凯普先生很纳闷。服务员于是解释：“因为上面有电话过来，说你下来了。”

吃早餐的时候，饭店服务员送来了一个点心。凯普就问，这道菜中间红的是什么？服务员看了一眼，然后后退一步做了回答。凯普又问旁边那个黑黑的是什么。服务员上前看了一眼，随即又后退一步做了回答。她为什么后退一步？原来，她是为了避免自己的唾沫落到客人的早点上。

也许你会觉得这些都是不起眼的事，但在商业社会中，是否注重完美就体现在这些事上。因为我们每个人所做的工作，都是由一件件小事构成的。把每一件事做到极其完美的程度，必须付出你的所有热情和努力。完美体现出一种专业化的品质，而只有最求完美的人，才能铸造完美的工作表现。

在工作中，我们不仅需要敬业精神，更需要苛求完美的精神，我们的工作不允许有任何的瑕疵，在任何时候我们都不能仅仅满足于尽力而为，而要全力以赴地追求工作的完美无缺。

生活中，我们经常会发现，那些功成名就的人，在功成名就之前，早已默默无闻地努力工作过很长一段时间。成功是一种努力的积累结果，更是苛求完美的最佳诠释。在实际工作中，你唯有把“每一件寻常的事做得不寻常的好”，才是走向成功的最佳途径。如果凡事你都没有要做到最好的积极心态，那么你永远无法达到成功的顶峰。

追求最完美的工作表现

IBM希望所有的人对任何事物都以追求最理想状态的观念去对待。无论是产品质量，还是服务品质，都要永远追求完美无缺。老托马斯·沃森经常告诫自己的员工："在工作中追求完美，就算没有做到也会比按照一般的标准做好很多。"小托马斯·沃森对于IBM的这一行为准则也曾表示说："这个信念能够如变魔术一般，引起人们对尽善尽美的狂热追求，当然，一个求全责备的完美主义者，几乎不可能成为一个让人感到舒服的人；一个要求人们达到完美的环境，也不会是一个舒适安逸的"乐居"。但是，追求完美的工作表现，一直是我们不断发展进步的一种驱动力。"追求完美的过程中，一个企业的内部会形成一个健康的氛围，它必定是积极的、乐观的、充满热情并逐渐走向成熟的，这才是追求完美为企业和员工带来的最重要的东西。

在这个世界上，许多人对自己的工作并不如意。但他们却不努力去改变自己的现状，年复一年、日复一日地默默忍受着工作为他们带来的苦恼。当他们感到沮丧或筋疲力尽时，他们便会自我安慰道："唉！有什么办法呢？这就是生活！我还能做些什么呢？"言下之意，只要能赚钱养家，枯燥乏味的工作是可以容忍的。

事实上，他们对工作的意义缺乏深入的理解，要知道，毕竟赚钱再多也不能使人忍受得了所有乏味无趣的工作。其实你并不需要委屈自己的梦想。你完全可以使你的工作变成你所希望的理想状态。

"追求完美的工作表现"并不是指追求工作业绩。它也不是一种生活标准。它是一种心理状态和存在。在完美的工作中，你可以将自己最擅长的才智发挥出来，应用到你孜孜追求的事业上，工作的环境正适合你的个性和价值观念。

不要满足于尚可的工作表现，要做最好的，你才能成为不可或缺的人物。人类永远不能做到完美无缺，但是在我们不断增强自己的力量、不断提升自己的时候，我们对自己要求的标准会越来越高。这是人类精神的永恒本性。

如果一个运动员顺其自然的话，那么他不会赢得奥林匹克竞赛。把金牌带回家的运动员必须超越已有的记录。著名的思想家、演讲家鲁迪·康维尔曾说过："不要总说别人对你的期望值比你对自己的期望值高。如果哪个人在你所做的工作中找到失误，那么你就不是完美的，你也不需要去找一些理由。承认这并不是你的最佳程度，千万不要挺身而出去捍卫自己。当我们可以选择完美时，却为何偏偏选择平庸呢？我讨厌人们说那是因为天性使他们要求不太高。他们可能会说：'我的个性不同于你，我并没有你那么强的上进心，那不是我的天性。'"

对于"追求完美的工作表现"的人来说，他们的才华、激情和价值取向是一致的，而且他们时常有一种强烈的个人成就感。他们心中有一个内在指南，他们永远在追寻他们生活中的目标。他们对于时间和金钱这两项最宝贵的财富，有着明确的把握。面对生活中碰到的障碍，他们只当作这是生活的本色。

从现在开始，不断地告诉自己，我可以做得更好，我可以让这份工作更具意义，那么你就会成为更加完美的员工。

让结果超出老板的期望

在工作中，如果你完成的每一项工作都达到了老板的要求，那么很好，你可以称得上是一名称职的员工。你不会失业，或许还可以得到晋升，但你永远无法给老板留下深刻的印象，永远无法成为老板的重点培养对象，也永远无法在公司中到达你事业的巅峰。只有超出老板对你的期望，把事情做得比老板期望的还要好，你才能让他的眼睛一亮，让他在遇到一些高难度工作的时候想起你，给你一个施展的机会。

当你和一批新员工一同跨入公司时，其实老板对每个人的期望值都是一样的，有些人达不到老板的要求，大部分人刚能达到老板的要求，只有极少数人可以超过老板的要求。那些不能达到要求的人将很快被淘汰，大部分人将继续自己平淡的工作，而极少数人将会被单独叫进老板的办公室，老板会在正常工作之外给他们分配一些挑战性的工作。随着老板对他们的期望越来越高，给他们的机会也会越来越多，他们也能在这种充满挑战的环境中迅速成长。

一家外贸公司的老板要到美国办事，且要在一个国际性的商务会议上发表演讲。他身边的几名要员忙得头晕眼花，甲负责演讲稿的拟定，乙负责策划一份与美国公司的谈判方案，丙负责后勤工作。

在该老板出国的那天早晨，各部门主管都来送行，负责总主管问甲："你负责的文件打好了没有？"

甲睁着惺忪的睡眼说道："今早只有4个小时睡眠，我熬不住睡着了。反正我负责的文件是英文的，老板看不懂英文，在飞机上不可能复读一遍。等他上飞机后，我回公司去把文件打好，再电传过去就可以了。"

谁知转眼之间，老板来了，第一件事就问甲："你负责准备的那份文件和数据呢？"于是甲就按他的想法回答了老板。老板闻言，脸色大变："怎么会这样？我已计划好利用在飞机上的时间，与同行的外籍顾问研究一下自己的报告和数据，你竟然如此疏忽大意？”

“天呐！”甲的脸色一片惨白。

到了美国后，老板与员工讨论了乙的谈判方案，整个方案既全面又有针对性，既包括了对方的背景调查，也包括了谈判中可能发生的问题和应对策略，还包括如何选择谈判地点等多个细节。乙的这份方案大大超出了老板和众人的期望。谈判进行得相当顺利，正是因为乙对各项问题都作了细致的准备，所以这家公司最终赢得了谈判。

出差结束回国后，乙得到了重用，而甲却被老板婉言辞退。作为一名优秀的员工，不管是时间还是质量上，都要超过上司的期望，提前准确地把事情做好，因为你也许不一定明白自己的拖延会给公司带来多大的麻烦和损失。成功的人士都会谨记工作期限，并清楚地明白，在所有老板的心目中，最理想的任务完成期限是：昨天。

真正优秀的人总比常人多走一步，努力把事情做到最好，而做到及格是远远不够的。有一位公司经理已经70多岁了，还经常往来于世界多个国家，处理各项事务，并且乐此不疲。他总是告诉年轻人说，他还可以做得更好，正是这种精神成就了他的事业。

一名杰出的员工应该与这位经理一样，不但要求自己满意、别人满意，而且还要超过别人对自己的期望，并随着企业和自身的不断发展壮大把内心的标准提得越来越高，不断学习新的知识，不断成长，不断改进。因为一个总能在“昨天”完成工作的员工，一个总能把工作做得比老板预期的要早要更好的员工，一定会征服所有老板。

第十四章

终生学习，每个人都是你成长的老师

努力做学习型员工

学习是永无止境的，只要开始，永远不迟。知识经济时代已经来临，一个人对公司的贡献，不在于你的年资与级别，而在于你拥有多少对公司有益的知识。

不管你在学校学的是什么专业，也不管你的学历高低，只要你坚持学习，日积月累，你就会成为一个知识丰富的专业人才。有了知识还要愿意与人分享，因为人类的进步是通过知识的不断分享而来的，当你与人分享知识时，你知识的深度与广度也会同时长进。

福特公司有一个著名的观点：在你的职业生涯中，知识就像牛奶一样是有保鲜期的。如果你不能不断地更新知识，那么你的职业生涯便会快速衰落。要想做好本职工作，并且不断提高自己的能力，就必须不断地学习新的知识。书本上的要学，实践中更要学，只有保持一颗上进心，工作才能达到更高的目标，事业才能有发展。

奥文·托弗勒曾说："在这个伟大的时代，文盲不是不能读和写的人，而是不能学、无法抛弃陋习和不愿重新再学的人。"

哈佛大学的学者们认为，现在的企业发展已经进入了第六阶段——全球化和知识化阶段。在这个阶段，企业将变为一个新的形态——学习型组织。在学习型的企业组织中，无论是分配你完成一项应急任务，还是反复要求你在短时间内成为某个新项目，善于学习都能使你在变化无常的环境中应付自如。

曾在一家大型跨国公司担任销售经理的杰克，3年来一直忙于日常事务，在与形形色色的客户的应酬中度过了每一天。现在，他的下属通过自学拿到了斯坦福大学的管理硕士学位，学历比他高，能力比他强，在数年的商战中获得了丰富的经验，羽翼日渐丰满，销售业绩惊人。在公司最近的外贸洽谈会上，他出色的表现，令一位眼光很高、很挑剔的大客户大为赞叹，也赢得了总裁青睐，被提升为了销售经理，而杰克则惨遭淘汰。

巴里·杰林斯先生是美国电子产业协会的副主席。他始终知道自己要做什么，很早他就打算进入电子领域，他先是考取了经济学硕士，然后再去一家小公司充电。当他如愿以偿地进了通用电气后，他发现大公司里的领导善于一只眼忙工作，一只眼看世界，于是他开始关注世界形势和宏观经济局面，对于老板分配的任务也总是及时完成，最终他的好学得到了老板的赏识，并得到了升职的嘉奖。

这些都是好学者成功的例子，他们在开始时都干着一些普通工作，没有人注意他们，更没有人会认为他们是自己的竞争对手。可是他们并没有放弃，坚持学习，不断地充实自己。在这个世界上，上帝总是会偏爱那些刻苦勤奋的人，不断地努力付出总是会有回报的。

凯特，一个在电子通信刚刚兴起时很有名的人，在他20岁的时候，出版了一本20万字的书《电子通讯故障排除大全》，并且获得不错的市场反映。撇开对他的争议不说，他的方法倒是很值得我们学习：通过大量的实践与知识积累，广泛收集相关资料，并尽可能地深入学习，成为该行业的专家。其实，凯特做的事情，绝大多数人也可以做到。

真正善于学习和工作的人，一定是那些随时随地把包含全球信息的网络当作自己的外脑，任意使用的人们！

如果你观察那些不断进步的优秀的企业员工们，你会发现，他们大都具备以下几点特性：

——个性上的成熟

在人的生理发展过程中，心理也在不断成熟。人的个性逐步由依赖、他律阶段向独立、自律阶段发展。在成年之后，人的自我意识和自律水平已经达到了基本的成熟阶段，已经具备独立自主的自我概念，对待事物会形成独立的认识，自我调节能力也有了较大程度的提高。他们有很强的自我指导能力，会对自己的行为负责。在这样的前提条件下形成独立思考、独立判断、自我导向的能力。

——已经有一定的社会经验、工作经验

社会上的每个人都必须承担多种的社会家庭角色和社会职责，这使他们积累了一定的生活经验和社会阅历。学习是在已有的知识和经验的基础上的再学习、再教育。对学习的需求、学习的兴趣和学习动机的形成及学习内容的选择在很大程度上都是以自己的经验为依据的。已有的知识、经验便是继续学习的基础和依托。教育学家诺尔斯就认为，成人的经验是成人学习过程中一项宝贵的资源。

——学习目的明确，注重时效、以解决问题为核心

一项对在职人员中的调查表明，有80%以上的员工出于职业发展上的要求而参加学习活动。这是由于员工在生活中担当了多个社会角色，都承担了一定的社会职责和义务，他们学习主要是为了适应社会和生活变化，提高自己的适应能力和履行自己的职责。在学习目的明确后，他们会追求学习的直接有用性和实效性。

此外，你还必须清楚的是，学习绝不是简单的模仿，更不是原搬照抄。有一则寓言，讲一只乌鸦看到老鹰从天空中俯冲下来擒住了山羊，十分羡慕，也模仿老鹰的样子，从天空中俯冲下来，结果爪子插入岩石中不能自拔，被牧羊人捉回家中。乌鸦的学习精神令人佩服，但是乌鸦要认清自己，不只是简单地学习老鹰的姿势，它也许要锻炼自己的力量，反复磨砺爪子，练习眼力……只有这样，乌鸦或许可能抓到山羊，变成一只威猛的雄鹰。

所以，学习一定要结合自己的实际情况，知识、专业、经验与社会阅历都要考虑进去，切勿简单模仿，弄巧成拙。

“勤能补拙”的学习理念

在职场中，通往成功的路有很多，曲折和坎坷是摆脱不掉的拦路虎，而不管多么聪明的人，要想找到职场捷径，都少不了一个“勤”字。俗话说：“勤奋是金”。大凡在事业上有作为的人，无不与勤奋有着深厚的缘分。

约瑟夫·休默是个天资平平的人，但他勤奋努力且意志坚定。约瑟夫的父亲在他很小的时候就去世了，是他母亲含辛茹苦地把他拉扯大。从医学院毕业后，他曾以轮船医生的身份随船去过几次印度，后来在东印度公司获得了一个军校学员医生的职位。

休默在航行过程中总是把一切闲暇时间都用来钻研轮船驾驶技术和航海技术，在此过程汇总，他掌握了大量的航海知识。

有一次，他乘船去勒斯，就在船要穿越泰晤士河口时，突然狂风大作，小船一下子偏离了航线，在黑夜中向沙滩撞去。船长惊慌失措，船上也一片混乱。这时休默迅速走进驾驶室，把任舵，运用他学到的航海知识，果断地下达命令。经过大家的共同努力，小船终于安全地回到了航线上。休默优秀的表现赢得了船长与所有船员的赞赏，他的职位也因此得到了快速的提升。

由于约瑟夫的恪尽职守、勤奋好学，深得上司信任，职位也不断被提升。马哈特战争爆发后，他随军出征。在战争中他也坚持学习，研究当地语言，翻译牺牲后，他便接替了翻译的工作，在这次战争中发挥了十分重要的作用。随后他又被任命为了军医队的队长。约瑟夫的工作能力十分惊人，还除了军医队长的身份外，他还兼当着出纳员、投递员，还负责提供军需品。工作越多，他就越高兴，干活也就越快。因此，他不仅在物质上有了不少积蓄，在事业上也取得了很大的成功。

约瑟夫的例子告诉我们：个人的勤奋学习和努力向上，是取得杰出成就所必需的。一个人如果好逸恶劳、懒惰松散，那么必然与杰出成就无缘。勤学就是一个人的财富，它是点燃智慧的火把，是检验成功的试金石。即使一个天资一般的人，只要勤奋学习也能弥补自身的缺陷，使成功变得触手可及，最终成为职场明星。反之，如果你自恃“聪明”，不把学习放在眼里，那么在公司中也必然被后来居上者超越。

一位成功人士曾经说过：“我不知道有谁能够不经过勤奋工作而获得成功。”守株待兔的人曾经不费吹灰之力得到一只兔子，但此后他就只有两手空空了，所以千万不要指望过不劳而获的生活。

卡内基是钢铁大王，但是他是由月收入4美元起家的；洛克菲勒开始工作时，每周只赚6美元，但后来却成为企业巨头；美国汽车巨子福特最初一个星期才2.5美元。有谁会料到他们日后会获取巨大的成功呢？当他们谈到成功的秘诀时，都一致认为：勤奋是唯一的成功之道。

勤奋能弥补你天资的不足，能在事业上助你一臂之力，让你迈向成功。然而，在职场上，承认自己“天资不足”的人并不太多，大多数人都认为自己不是天才，至少也是个有用之才。现实生活中，真正能一步登天的人很少。有的人不仅登不上去，还跌下来摔了跟头。为何如此？是知识不够还是能力不足？都不是。皆因在你的做事字典里少了个“勤”字。

勤奋学习能让你赢得上司的信任，获得提升的机会。一旦你有了勤奋学习的习惯，那么无论做什么，你都会在竞争中立于不败之地。只要你勤奋学习，知识和能力会如期而至；只要你勤奋学习，泥泞坎坷之路就是坦途，不毛之地也会开花结果。

那就从今天开始，让自己变成一个“勤”一点的员工吧。

勤奋学习不是先天赋予的，它需要你在后天的成长过程中，用信念和抱负自我鞭策养成的一种好习惯。

在工作中，你要不断进取，不要中断学习的脚步。要想提高自己的知识水平和工作能力，你不但自己要加强学习，同时也要向有经验的人请教。别人休息，你在学习；别人旅行，你在学习；别人一天用8个小时的工作时间，你则用10个小时。这种密集的、不间断的学习效果会相当显著。如果你本身的能力已经高于基准的水平线，加上勤奋之火的燃烧，你很快就会在所处的团体中发出夺目的光芒和巨大的能量，就会取得事业的成功。

随时随地求进步

成功学家墨菲常对想成功的人这样说："想获得成功，首先应该多听些成功的故事，督促自己随时随地求进步。从故事中学习成功者的经验，把他们的想法、习惯以及行为模式结合自己的愿望进行运用，或许你能够得到促进自己实现成功愿望的方法。"

抱着"对方比我优秀，学习他好的方面"这种虚心的态度是很重要的。如果持有这种态度，在固有观念被瓦解、潜意识被开发的同时，才能吸收别人的正面力量（想法、念头）。而对方越是成功和出色，你越能从他们身上吸收到更多的正面力量，并将其转化成自己的资源。渐渐地，在不知不觉中，你就会发现自己的行动、性格等都在发生着变化。

有一位经营小型广告公司的人，他最令人佩服的地方就是在看报纸和杂志时，一发现有令他觉得"似乎挺有趣"的人，就会马上与对方取得联系，并向其求教。这并不是以利害为目的，而是表现出一种单纯求教于对方的好学态度，因此对方也不会觉得受到干扰，反而立刻与他亲近起来。

他的这种虚心好学的态度让他保持自己随时随地求进步，所以尽管是在经济不景气的年代，他的业绩仍是一年比一年增长。他从一流的成功者身上学到了成功的要素和方法，借此让自己的信念更加坚定。

一个想实现成功愿望的人，必须常同外界接触，应前往模范店铺、商场、展览会以及一切管理良好的机构团体参观访问，借鉴新的有效的方法，从而保证自己随时随地求进步。

美国芝加哥有一个成功的零售商，为了力求自己不断进步，避免落后于他人，他利用了一个星期的假期，去参观国内的大商场，探寻改良自己商场的办法，并最终成功学习到了更先进的管理方法。在此之后，他每年都去东部旅行，专门研究几家大商场的销售方法和管理方式。他认为，这种参观是绝对必要的，可以让自己在商场经营过程中不断进步。否则，墨守成规、一成不变地做下去，必定会走向失败。

那个商人说，他的商场经过几番改进后和以前大不相同了。以前从未注意的缺点，比如商品的摆设不能吸引顾客，雇工工作的不认真等等，经过对优秀同业者的参观，现在都不会被他忽略。于是，他开始大刀阔斧地调整，比如改变橱柜的陈列，辞退不忠于职守的雇员等，这样做以后，店内的气象从此焕然一新。

一杯新鲜水，如果放着不用，不久就会变臭。同样，一个经营得很好的商店，店主如果不时刻作更好更新的改进，他的生意也必定会逐渐地衰退。一个积极成功者的特征，就是他能随时随地求进步。他深惧退步，害怕堕落，因此总是自强不息地力求改进。

一件事做到某一个阶段，决不可停止下来，而应该继续努力，以达到更高的高度。一个人在事业上自得自满、不再追求进步时，便是他事业由盛转衰的开始。

每天早晨，我们都应该下定决心：力求在工作上做得更好些，比昨天更有进步；而在晚上离开办公室、工厂或其他工作地时，一切都应安排得比昨天更好。这样做的人，在短短的一年之内必定有惊人的成就。

随时随地求进步这一习惯具有极大的感染力。随时随地求进步的雇主，会感染他的雇员，使得雇员也养成良好的习惯来改进日常工作。如果雇主能通过这种做法来激励自己的雇员，促使他们自觉的努力，那么，这样的雇主在他的事业生涯中相当于获得了强有力的同盟者。

一个从不学习他人成功经验、不同别人的商店沟通的人，对于自己商店的营业和店员的缺点，往往是盲目的，对各种问题都不易察觉。所以，要使自己的店铺发达，唯一的方法就是使新的光线进入店铺，就需要经常去看看别人的做法，与别人的沟通交流往往可以让自己随时随地得到进步。

人的身体之所以能保持健康活泼，是因为人体的血液时刻在更新。同样，从事商业的人，应该时常吸收新鲜的思想，获得进步的方法。只有如此，他的事业才能一天一天地发展起来，直至成功。只有才能出众、对成功抱有强烈愿望的人，才会领悟到不断进步的意义所在，才会用客观的态度，去观察别人的优点，反省自己的缺点，以求得改进。

一个成功的旅馆经理，在他踏进另一家旅馆的刹那间，便会注意到许多应该加以改进的事情。他在很短时间内所看到的值得改良之处，一定要比那个旅馆中从不外出的人看到的更多。

大多数人的弊病是不知道从别人身上学习经验，把这些好经验运用到自己身上。他们不知道成功的秘诀，乃是随时随地求进步。也只有随时随地求进步，才能达成自己的愿望。

如果把这句话挂在自己的办公室里，一定会有所功效："今天我应该在哪里取得进步？"

向优秀的人学习

在任何领域里成功的人，都有一套花20分力收到80分成果的方法。这不表示这些赢家懒惰或不肯尽心，他们一般都非常努力，他们投注的精力和其他人一样多，收获却比别人高数倍。这些赢家在质与量上的成果，常常把竞争者打得落花流水。

换句话说，赢家做事有一套自己的方法，他们通常都以不同于常人的方式进行思考。凡是在某领域出类拔萃的人，其所思与所为都是不同于该领域中的一般人的。这些赢家也许没感觉自己做的事有别于他人，很少想这样的问题，也不谈论。但就算赢家说不出他们成功的秘诀，仔细观察还是可以得出某种结论的。

从前的人非常明白这一点。例如弟子在师父跟前，学徒向工匠学手艺，学生借着协助教授做研究而学习，新进艺术家花时间与有成就的艺术家相处——都是借着协助与模仿，从而观察佼佼者的做事方式。

你要愿意出高价来为杰出的人工作，找各种理由来和他们相处，观察他们为人处事的方法。你会发现，他们看事情的方式不一样，管理时间的方式不一样，与别人互动的方式也不一样。如果他们所做的你也做到了，或甚至能做到同事通常不做的事，那么你就能爬到顶尖。

有时候，不只是为最棒的人工作而已。在顶尖的公司里，他们的公司文化就是主要的窍门——观察他们的文化有何特殊之处，这特殊处就是关键。恐怕你得先在一般公司工作，然后进一家顶尖公司，才能体会出两者的差异。

优秀的人并不一定是有钱人，而是那些在人格、品行、学问、道德等方面都胜过你的人，如果与他们交往，你就能大量吸收到种种对你生命有益的东西，就可以提高你自己的水平，可以鼓励你趋向于高尚的事情，可以激起你对事业发展的更大动力。

脑海与脑海之间，心灵与心灵之间，有着一种伟大的“感应”力量，这种“感应”力量，虽无法测量，然而它的刺激力、破坏力及建设力都是十分巨大的。假使你常和不如你优秀并且品格低下的人混在一起，最终他们一定会把你拖下去，你的志愿和理想也将沦为空想。

错过与一个胜过我们自己的人相处的机会，实在是很可惜的事，因为我们会从这个人身上得到许多益处。只有通过向他们学习，我们生命中粗糙的部分才可以被打磨，才可以逐渐变得精致。同一个能够启发我们生命中的真美善的人交往，其价值远不只发财获利，它可以使我们的力量增加百倍。

老板不说但你要做到的事

第十五章

学会担当，负起责任

工作意味着责任

有个故事形容德国人非常“守时”：说是开高架吊车的工人，刚刚把拖着水泥板的吊臂升到半空，这时下午6点的钟声敲响了。这位工人立即将车熄灭，爬下梯子下班回家了，任由吊臂拽着水泥板悬在半空。

这个极端的情节已经被某种刻意的玩笑改变了它的本意，问了去过德国的朋友，他就笑了，说德国人是很守时，但对工作更负责任，相信故事里的德国工人会准时下班，但不会把水泥板吊在半空。

对于一个故事的主题，不同的描述方法将获得不同的认知，我们嘲笑德国人的“守时”，却忽视了德国人对工作的严谨和负责。我们真正应该嘲笑的，是今天看到的现状——浮躁、急功近利和责任感缺失。

工作呼唤责任，工作意味着责任。

身为美国总统，杜鲁门的桌子上摆着一个牌子，上面写着：Book of stop here（问题到此为止），这就是责任。总统有总统的责任，员工有员工的责任。对于任何一名员工来说，工作就意味着责任，没有责任感的员工不可能成为一名优秀的员工。

对于手头工作和自己的行为百分之百负责的员工，他们更愿意花时间去研究各种机会和可能性，显得更值得信赖，也因此能获得别人更多的尊敬。与此同时，他们也获得了掌控自己命运的能力，这些将加倍补偿他们为了承担百分之百责任而付出的额外努力、耐心和辛劳。

有人说，假如你非常热爱工作，那你的生活就是天堂，假如你非常讨厌工作，你的生活就是地狱。因为在你的生活当中，有大部分的时间是和工作联系在一起的。不是工作需要人，而是任何一个人都需要工作。你对工作的态度决定了你对人生的态度，你在工作中的表现决定了你在人生中的表现，你在工作中的成就决定了你在人生中的成就。所以，如果你不愿意拿自己的人生开玩笑，那就在工作中勇敢地负起责任。

员工不容缺失的品质

作为企业员工，与其为自己的失职寻找借口，不如坦率地承认自己的失职。老板会因为你能勇于承担责任而不责难你。相反，敷衍塞责，推诿逃避，找借口为自己开脱，不但不会得到理解，反而会产生更大的负面作用，让老板觉得你不但缺乏责任感，而且还不愿意承担责任。世界上，任何人都不能将事情做得尽善尽美，但是，如何对待已经发生的问题，可以看出一个人是否具有责任感。

缺乏责任感的员工，不会以企业的利益为重，也不会为自己的所作所为可能影响企业的利益而不安，更不会随时随地为企业着想。在任何一个企业，责任感是员工生存的根基。

约翰和丹尼尔新到一家速递公司，被调配成工作搭档，他们工作一直都很认真努力。老板对他们也很满意，然而一件事却改变了两个人的命运。

一次，约翰和丹尼尔负责把一件大宗邮件送到码头。这个邮件很贵重，是一个古董，老板反复叮嘱他们要小心。到了码头约翰把邮件递给丹尼尔的时候，丹尼尔由于反应稍慢没能接住，致使邮包掉在了地上，古董碎了。

老板对他俩进行了严厉地批评。“老板，这不是我的错，是约翰不小心弄坏的。”丹尼尔趁着约翰不注意，偷偷来到老板办公室对老板说。老板平静地说：“谢谢你，丹尼尔，我知道了。”随后，老板把约翰叫到了办公室。“约翰，到底怎么回事？”约翰就把事情的原委告诉了老板，最后约翰说：“这件事情是我的失职，我愿意承担责任。”

约翰和丹尼尔一直等待处理的结果。老板把约翰和丹尼尔叫到了办公室，对他俩说：“其实，古董商已经看见了你们俩人在递接古董时的动作，他跟我说了他看见的事实。还有，我也看到了问题出现后你们两个人的反应。我决定，约翰留下继续工作，用你赚的钱来偿还客户，丹尼尔明天你不用来工作了。”

有些员工总是强调，如果别人没有问题，自己肯定不会有问题，借机把问题推到别人身上，用以减轻自己承担的部分。与其一个人挖空心思地寻找各种理由来推卸责任，还不如想一想怎么来面对问题，把已经造成的损失降到最低。

很多人在出现问题之后常用的借口就是：“我并不十分清楚我的责任，所以才没有把工作做好。”因为不清楚所以才没有做好，看起来顺理成章。其实在这个借口的背后隐藏着一个非常简单的道理，那就是缺乏责任感。一旦缺乏责任意识，失去的东西还会更多，比如对工作的热情，对企业的忠诚等。所以，作为一个员工，有必要清楚自己的职责。

尽职尽责地工作

各行各业都需要全心全意、尽职尽责的员工，因为尽职尽责是培养职业精神的土壤。如果你的工作中没有了职责和理想，你的生活就会变得毫无意义。所以，不管你从事什么样的工作，平凡的也好，令人羡慕的也好，都应该尽心尽责，在尽心尽责的同时不断的进步，为自己将来事业的发展打下坚实的基础。

在德州一所学校演讲时，麦金莱总统对学生们说："比其他事情更重要的是，你们需要尽职尽责地把一件事情做得尽可能完美；与其他有能力做这件事的人相比，如果你能做得更好，那么，你就永远不会失业。"

"尽职尽责"，无论做什么事，它都会决定你日后事业的高度。一旦你领悟了通过全力以赴地工作能消除工作的辛劳这一秘诀，你就掌握了获得成功的原理。即使你的职业是平庸的，如果你处处以尽职尽责的态度工作，也能增添个人的荣耀。

一家家具销售公司的经理吩咐三个员工去做同一件事：去供货商那里调查一下家具的数量、价格和品质。第一个员工五分钟后就回来了，他并没有去亲自调查，而是向下属打听了一下供货商的情况就回来作汇报。三十分钟后，第二个员工回来汇报。他亲自到供货商那里了解家具的数量、价格和品质。第三个员工九十分钟才回来汇报，原来他不但亲自到供货商那里了解家具的数量、价格和品质，而且根据公司的采购需求，将供货商那里最有价值的商品作了详细记录。在返回途中，他还去了另外两家供货商那里了解家具的商业信息，将三家供货商的情况详细比较，制定出了最佳购买方案。

第一个员工只是在敷衍了事，草率应付；而第二个充其量只能算是被动听命。真正尽职尽责地行事的只有第三个人。简单地想一想，如果你是老板，你会雇佣哪一个？你会赏识哪一个？如果要加薪、提升，作为老板，你愿意把机会留给谁？如果你想做一个成功的值得老板信任的员工，你就必须尽量追求精确和完美。认认真真、兢兢业业地对待自己的工作是成功者的个性品质。

无论做什么工作，都要沉下心来，脚踏实地地去做。一个人把时间花在什么地方，就会在哪里看到成绩，只要你的努力是持之以恒的，这是非常简单却又实在的道理。可是，许多员工还是三天打鱼，两天晒网。这样是永远也不会看见成就的。工作虽然累，但是如果你认真地、尽心尽力地去做，工作会让你找到天堂的。

也许你是一个不错的员工，雇主也许会信赖地指派你去办个小差事。你能保证把任务完成吗？是的，也许你可能完成。但如果你出差的地方是有名的旅游胜地，你会不会忘了尽职尽责呢？或者你谈判的地方是高级的酒吧或宾馆，你会不会放下你的责任心呢？

事实上，太多的员工在接到一项任务时，大多都会有压力感和厌烦感。有时候他们不能克制自己。他们会因为外界的诱惑而不能把精力投入到他的工作中去。努力克制自己是尽职尽责的员工和平庸员工的巨大差别。

勇于负责，不畏承担

勇气是我们战胜工作中诸多困难的强大精神力量，它使我们有更大的力量排除万难，甚至可以把“不可能完成”的任务完成得相当出色。不敢承担高难度的工作任务无疑是对自己潜能的最大扼杀，同时也会使自己的天赋得不到最大程度的发挥。当责任和自信联系起来时，员工的挑战性可以超越一切，能力也会得到最大的释放。

或许你常常羡慕那些有着杰出表现的同事，他们深得老板器重并拥有被委以重任的机会。但是，你必须明白他们的成功绝对不是偶然的，因为他们除了在工作中付出了相当的努力之外，还有一点就是“勇于负责”。

作为公司的一员，他们会把公司当做自己的家一样看待。在工作或生活之中，如果碰到一些并非自己岗位职责范围内的事务，也不会不管不问，而是以一种积极、主动的态度为公司处理好这些事务。即使老板没有交代，他们也会把这些工作当成自己应该履行的职责。认真、负责地把问题处理妥当，为公司消除隐患的人，才是老板的加薪对象。

此外，在工作中常见的一种推卸责任的说辞 “我不知道”、“我不知道怎么会这样”、“我想尽了办法，但不知道怎样才能改善”、“都是他们出的主意，我不知道他们的初衷”……作为一名员工，工作中出了差错、有了麻烦，或许事情确实像你说的那样，但这种态度却不可原谅。遇到问题的时候，最先想的应该是怎样解决问题，而不是两手一摊说“我不知道”。

有人说：“勇于承担责任，说起来简单做起来难。”其实，很多看似“不可能”的事，其困难只是被人为地夸大了。当你冷静分析、耐心梳理，并把它“普通化”后，就可以想出更好的解决方案。问题的关键是你有没决心，有没有胆量接受挑战。

如果你对自己的挑战力判断有误，或者你在挑战的过程中出现了差错，千万不要沮丧失望。聪明成熟的老板一定不会只看结果的。你在接受任务并积极完成的过程中，一定有着某种他喜欢的品质，比如高度的责任感、创新的思维方式、敢于接受新任务的勇气等，这些才是决定你是否应该受到器重，是否可以胜任这份艰巨任务，是否可以成功地完成工作的关键，只有勇于承担，才可能取得完美的结果。

其实，每一个老板都是经历了无数次艰辛的挑战，才最后走上了现在的这个位置，他比任何人都明白，没有哪一种挑战会从一开始就会有成功的必然。所以，你必须是老板喜爱的“职场勇士”。同时，你所经历的、所得到的都是胆怯观望者们永远都没有机会知道的——因为他们根本就不敢尝试，畏惧承担。

主动承担更多的责任

下面这些话应该对我们来说并不陌生，在公司里经常可以听到：

“现在是午休时间，你过段时间再打吧。”

“那不是我的事。”

“对不起，我现在很忙。”

“那应该是杰克干的。”

“很抱歉，我无能为力。”

“这件事我们现在根本就没法子办。”

……

当然，除了这些司空见惯的事情，我们也看到了另外一些与之截然相反的事例。

斯拉是一家大公司办公室的打字员。有一天，同事们都出去吃饭的时候，一个董事来到他们部门想找一些信件。这并不是斯拉分内的事，但是她依然对董事说道：“尽管对此信我一无所知，但是，董事先生，我会帮助您处理这件事情的！请您相信我会尽快找到这封信并把它放在你的办公桌上。”当斯拉将那封信放在董事的面前时，董事十分高兴。

故事到这里并没有结束。一个月后斯拉被提升到了一个更重要的部门工作，并且薪水提高了30%。不难猜到是谁推荐的她。在斯拉帮助那个董事后的一次公司管理会上，出现了一个更高的职位空缺，于是那位董事就想到了她。

这个世界从来都没有报酬丰厚却不需要承担责任的便宜事。一次不负责任还有可能，但要逃避生活中的所有责任却是要付出巨大代价。责任从前门进来，你却打算从后门溜走，在放弃了自己的责任的同时，你失去的还有伴随责任而来的机会。对于绝大部分工作职位来说，报酬和责任是直接相关的。

一个成功者必备素质之一就是主动要求承担更多的责任。很多情况下，即便你没有被告知某事是你职责范围内的，你也应该做好它。如果你的表现证明了你能胜任某种工作，那么丰厚报酬自然就会随之而来。

有两种人永远无法成为十分优秀的人：一是只做别人交代的工作的人，另一种是对别人交代的事无法圆满完成的人。哪一种情况更让人丧气，实在不好说。但可以肯定的是，他们一定会成为第一个被解雇的人，或是在一个单调乏味的工作岗位上虚度光阴、蹉跎岁月的人。

用以上两种方式做事，你可能会逃过一时，但却永无出头之日。在前工业时代，虽然人们必须听命行事，但积极进取的人往往更受重视。清楚地知道哪些该做，并会立刻采取行动，不用别人来一一交代；清楚了解公司的发展规划和自己的工作职责，并能据此知道哪些是自己该做的，然后一一着手去做，这样的你很快就能成为一个卓越的员工。

对于那些主动积极、敢于承担责任的人，世界往往会给予他褒奖，不仅仅是金钱还有荣誉。对于另外一些人，被告知两次后才会去做事的人，这些人将既不会拥有荣誉也不会有钱。

关键时刻敢于力挽狂澜

职场中，每个公司都有陷入困境的可能。当公司陷入困境的时候，作为员工的你，是选择承受灾难、作出成绩来挽救公司，还是为了避免个人的利益受损而选择逃避？请记住：逃避的人就是一个职业懦夫，是一种没有责任心的表现。当公司面临困境时，只有选择担当、与它共渡难关的人，最后才能够被公司委以重任！

然而，现实中很多员工都畏惧这种责任心带来的风险。他们都有自己的打算，因为在他们心中有这样的想法：不能在一棵树上吊死。当公司面临困境时，他们很快会离开公司。实际上，一家公司面临危机的同时，人员也会大量流失。这种人是公司的局外人，而不是公司的伙伴。公司的伙伴会选择与公司同甘共苦。如果危机能够顺利地渡过，这些坚持到最后的伙伴肯定会得到丰厚的回报。

微软大中华区全球技术支持中心开发支持部的一名专家级工程师麦克，他不仅具备了极高的个人技术水准和极强的专业领导能力，而且在关键的时刻他还勇于承担，敢于力挽狂澜。

某著名手机厂商新开发了一款智能手机，并且已经安排好了上市时间，但是在为通过一个关键认证而进行产品测试的时候，产品出现了严重问题。每进行一次测试需要20小时，修改至少需要一两天，然后再送去测试又要花费20小时，如果总是不能通过，就要进行反复的修改。更严重的是，他们找不到问题产生的原因。如果不知道病根在哪里，盲目地进行“治疗”也毫无意义。与此同时，上市时间已经是迫在眉睫，如果错过了最佳的上市时间，那么损失将无法估量，此时此刻，可以说是“兵临城下”。这个时候，厂商想到了麦克，他马上致电微软全球技术支持中心并提出支持请求。

麦克接到这个任务之后，马上投入了工作，并且在最短的时间内找到了问题的症结所在。原来是该手机的某一硬件驱动程序出了问题，从而导致整部手机性能出现问题。麦克不仅向厂商指出了问题，同时投身其中与客户开发团队一起并肩作战，在最短的时间内解决了该驱动程序的问题，并且对手机性能进行了全面的优化。麦克的专业水准和高度负责的精神获得了客户的大力赞赏。

后来，该手机成为了智能手机的经典型号，赢得了国内乃至国际市场的广泛赞誉。

麦克是具有高度负责精神的典范，他不仅具有力挽狂澜的能力并且对企业也具有负责的精神，这样的员工才是企业需要的也愿意给予丰厚酬劳的员工。

实际上，一个公司危难的时刻是全面考验员工的最佳机会。危难对于那些不热爱自己事业、对公司没有责任心的人来说，无疑就是一场瘟疫。他们能以百米冲刺的速度远离它，并且还为此津津乐道。但是，危难对于那些有胆识、有高度责任感的人来说却不同，他们会毅然挑起重担，并把它当做一个很好的历练机会。他们可能在这次危难中学到别人工作几年、几十年也不知道的经验教训，这些可贵的经验会成为他们以后创业、理性分析自己行业趋势、改善公司状况、了解市场态势的最好积淀。

因此，当你所在的公司处于危难关头的时候，应该时刻要求自己：挺住！即便几经挫折，也要坚持到底！并且敢于以这样的精神劲头带动公司朝前发展。“疾风知劲草，患难见英雄”，当企业危机过去后，对公司不离不弃，勇于担当的员工自然会赢得老板的赏识与重用。

参考文献

[1]王正丽. 找对方法做对事[M]北京：中国纺织出版社，2008.

[2]王正丽. 敬业，更要精业[M].北京：机械工业出版社，2008.

[3]王正丽. 你的薪水谁决定[M]北京：民主与建设出版社，2010.

[4]周永辉. 破解身体语言密码[M]北京：中国经济出版社，2011.

[5]王学峰. 敬业，更要精业（提升版）[M]北京：机械工业出版社，2011.

[6]王学峰. 把工作做到完美[M]黑龙江：哈尔滨出版社，2011.

[7]张皓轩. 职场读心攻心操控术[M]北京：中国纺织出版社，2012.